魔法中的科学

[意] 米歇尔·贝隆 著　周梦琪 译

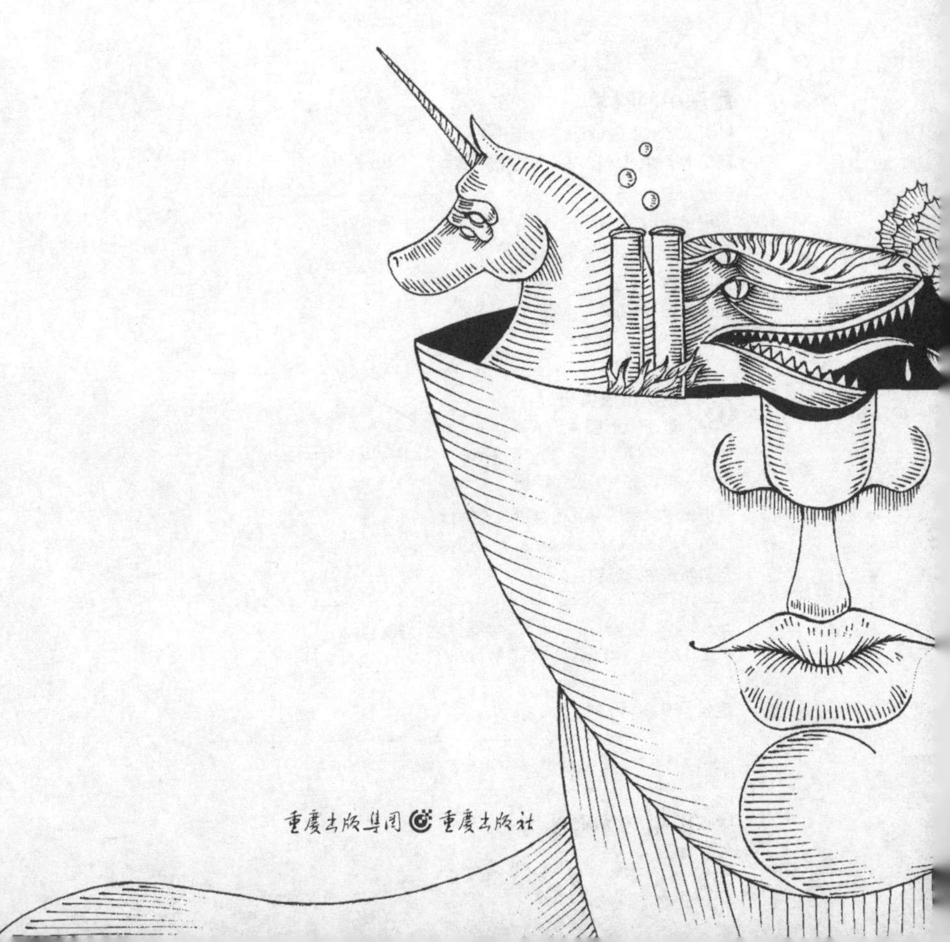

重庆出版集团 重庆出版社

版贸核渝字(2020)第093号

图书在版编目(CIP)数据

魔法中的科学 / (意) 米歇尔·贝隆著；周梦琪译．— 重庆：重庆出版社，2021.3

ISBN 978-7-229-15349-6

Ⅰ.①魔…　Ⅱ.①米…　②周…　Ⅲ.①科学知识—普及读物　Ⅳ.①Z228

中国版本图书馆CIP数据核字(2020)第202584号

魔法中的科学

MOFA ZHONG DE KEXUE

〔意〕米歇尔·贝隆　著　周梦琪　译

丛书策划:刘　嘉　李　子
责任编辑:李　子　陈劲杉
责任校对:何建云
封面设计:何海林
版式设计:侯　建

重庆出版集团
重庆出版社　**出版**

重庆市南岸区南滨路162号1幢　邮政编码:400061　http://www.cqph.com
重庆一诺印务有限公司印刷
重庆出版集团图书发行有限公司发行
E-MAIL:fxchu@cqph.com　邮购电话:023-61520646
全国新华书店经销

开本:890mm×1240mm　1/32　印张:7.25　字数:212千
2021年3月第1版　2021年3月第1次印刷
ISBN 978-7-229-15349-6

定价:59.80元

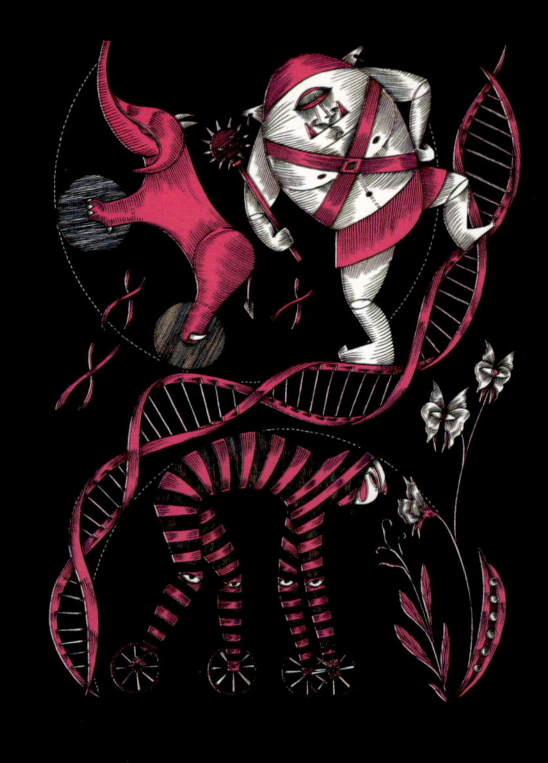

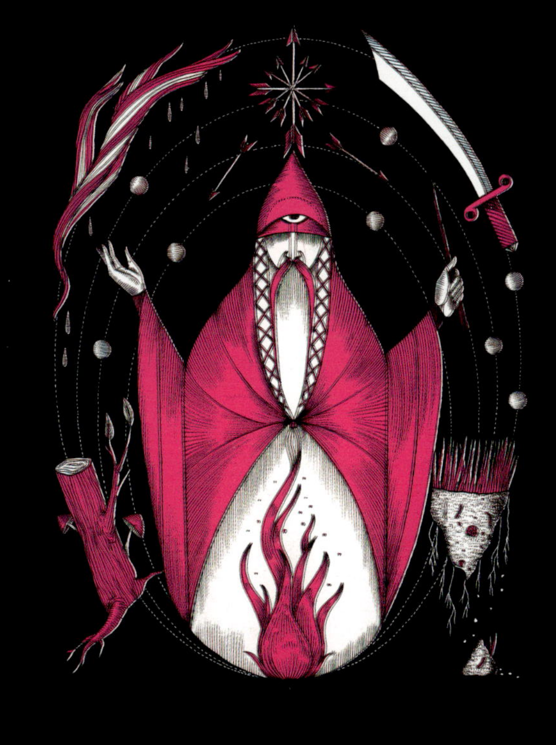

CH3
N
Ni
N
CH3

GM
FedEx
ExxonMobil
Coca-Cola
No

INCANTO

目录

前言

莉西亚·特洛伊斯

十五年来，我一直从事写作和演讲，再加上我原本性格就很外向，我真的做了非常非常多的公开讲座。听众问过我很多事情，包括各种奇怪的问题，然后总会有这么一个时刻：当一只手从桌子下面举起来，然后那个问题就被抛出来。那个总是不断被问起的问题："天体物理学到底与写作有什么关系呢？"

是的，我不仅是奇幻作家，而且还是天体物理学家。我拥有博士学位，并且从事了十年的科研工作。即使在今天，尽管我不再进行直接的研究，但我仍通过科学普及与天体星球研究保持着联系。我的这种双重身份总是激起读者的好奇，当然，我敢肯定，它也引起了出版商们的兴趣，因为他们已经从中看到了一些有助于销售和推广我写的这些故事的东西。因为在我们的文化中，幻想和科学就好像是位于一条假想线相反的两端，不仅相距遥远，而且很多时候甚至是相互对立的。

"您致力于写作是为了以此逃避数字的冷酷吗？"曾经有人这么问过我。

我承认在他们问我之前，我从未问过自己这个问题。我习惯将人视为不同元素的总和，有时候甚至是相互矛盾的元素，但是它们可以自然地共存于同一个人格之中。因此，我喜欢天体星球，想了解它们，与此同时，我也梦想着龙的世界，幻想着用冷兵器决斗的场面。我并没有发现这两点之间有任何矛盾！

但是，当他们不断问你同样的事情时，你自己也会产生一些疑问。为什么我热爱的两件事情，在大多数人看来会觉得如此遥远，甚至不可相容，而对于我自己来说却很正常？

答案也非常简单，现在就摆放在我面前：这本书里就有答案，而且解释和总结得非常好。但是要找到这个答案，你们还要走很长的路。

为什么我们的文化（相比于其他西方国家，意大利文化尤其如此）在人文学科与科学学科之间建立起如此清晰的界限，并始终将它们作为对立的两方？关于这个问题的讨论已经写了千千万万的篇章。所以，我在这里也不想成为其中的一分子，米歇尔·贝隆在这本书中也是如此。其实更重要的是：为什么这种划分界限的方式会产生误导？

一方面，我们习惯于将幻想视为与童年密切相关的事物，而那些在成年后依旧保持幻想的人总是受到他人的怀疑和非议。此外，在我们的环境中，不断有人告诉我们，从现实规则中释放出来的东西就是富有想象力的，是无限自由的。从这两个错误的前提出发，会产生一系列的后果：幻想永远是并且仅仅是对现实的逃避，幻想和现实是没有任何联系的，因此幻想常常被认为是有害的行为。而在叙事层面上的幻想就意味着，你可以在你的故事里写任何你想写的事情，任何你想做的事情，可以毫无束缚和限制。“是你在决定角色怎么做，做什么，不是吗？”当我抱怨自己在撰写故事的过程中遇到情节问题时，非专业人士这样的反问就让我深有感触。

现在大家将要阅读的这本书就以一种非常有趣的方式清楚地说明：幻想绝对不是这样的。托尔金曾经对于逃避现实的指控作出回应：囚犯的逃亡与逃兵的逃亡之间存在着深刻的区别。逃避并不一定意味着远离现实，而是让自己沉浸在另一个现实中，只是这个现实与我们生活的现实世界相去甚远。其实在最开始，我们都只能从现实出发开始想象。贝隆在书中也非常清楚，并且非常有效地向我们传达了这一点：我们在奇幻作品中读到的，或者说以其他方式享受到的一切内容都与现实有着深厚的渊源，从龙的形象的起源，到魔法必须遵循的规则，都是对已经存在的神话或近乎神话的传统的重新阐述、重新诠释。对于这些传统，除了效仿和遵循，作家其他什么事都做不了。因为这就是幻想的运作方式：没有人发明任何东西，我们所有人都是从生活中汲取能够打动我们的东西，不是从这里拿，就是从那里取，然后将其拖入我们个人生活经历的大熔炉中，再从中提取出新的事物。因此，如果其他人从中能够看到自己的影子，也就不奇怪了。

另一方面，还有一个根深蒂固的观点，认为科学就是那个在你看电影的时候一定要向你透露结局的朋友，因为他已经看过了。也就是说，科学是纯粹的理性，它不会涉及超出既成事实范畴之外的冲动，并且科学方法是一成不变的牢笼，在其中就只能僵硬地活动。要驳斥这个立场，倒也不需要惊动佛爱拉本德，有我们卡洛·罗维利就足够了：“在眼见为实之前的理解能力是科学思想的核心。”这是他在最新著作《时间秩序》中说的话。在看到事实之前先理解，要做到这一点，就需要想象性的行为。对于不亲身实践科学的人来说，科学的这一面大多是陌生的，直到最近才开始向公众传播。科学需要想象力，强大的创造力也是科学的重要组成部分。当然，这种创造力不是在编写小说作品或在设定故事时代背景的时候所使用的那种，而是找到特定数据集的基本规则或构思实验以验证理论的这类创造性行为。事实是我们不习惯把这些行为认为是想象性的。我们喜欢的逻辑就是：科学是枯燥的，幻想是无限的。但是这个世界很少向我们展示对比鲜明的单一色彩，因为无尽的色调过渡会让它们互相融合。幻想与科学也是在不断融合，相互影响的过程中彼此共存。

贝隆在书中还非常清楚地指出：幻想没有止境，只需要服从无限自由的乐趣，但这个观点也是错误的。因为，想象必须要服从内部一致性法则，这是为了保有那种悬而未决的难以置信，这是读者与作家之间的一种默契。因为这种悬而未决的感觉，无论多么令人难以置信，无论离现实世界多么远，只要它的结构框架符合其自身的内部一致性，读者都会相信作家告诉他的一切。用艾可的话来说："如果在我的世界里，公主都是被王子亲吻后复活的，并且只有王子这么做过，那么我就不会发疯似的、不加任何解释地非要让公主被巫婆吻醒。"我们都被逻辑定律所束缚，即使是在由最狂野的想象所产生的世界中，我们也是如此。

我不是第一个这么说的人，但是创造是需要规则的。没有规则，它将散布在上千条溪流中，不会产生任何历史，只是些含糊的印象，徒劳无益。贝隆专门撰写了一整个关于魔法的章节来说明这一点，告诉我们有多少魔法体系的产生都归功于我们这个世界的科学，并且有必要对它们进行哪怕只是大体上的调整——为了防止它们变成牵强扯入的元素，破坏了故事情节。

最后，这本书还驳斥了一个错误观点：奇幻小说的读者都是容易受骗的不成熟的人。这个观点是不是一下子就把哈利·波特变成了算命先生？甚至某些顶着科学家头衔的人也是这么认为的……其实，书呆子文化的一部分，是一种对幻想世界进行科学研究的内在热情。他们会无数次地讨论《星球大战》中死星的规模和可行性，或是幻想世界在生物学和地理学方面的合理性。他们想要根据幻想世界的定律和我们现实世界的定律来检验幻想世界的真实性，为此他们对科幻世界展开了各种研究和调查。这肯定是对幻想世界充满激情和真心热爱的结果，或者也是对创造它们的人无比钦佩的结果。在形式和方式上，它无疑是幻想，但也是科学。因此，即使是掷着骰子，梦想着拿起武器与邪恶巨龙战斗的彼得·潘，在我们看来似乎也不是那么不成熟，似乎与科学的距离也没有那么远。

我一直认为，人文与科学文化之间的界限以及幻想与科学之间的界限已经极大地损害了我们这个国家和社会，并且一直以来持续如此。这就是当米歇尔·贝隆为了写这本书打电话给我并采访我时我很高兴的原因。是的，你们将会在书里面看到我和我的故事，而且，当我能够先读到书稿时，我感到更加高兴了，因为我感觉自己沉浸在一个充满激情和有趣的文本中。它清晰的思路和翔实的例证终于解释了我为何可以既是天体物理学家，又是幻想作家。在这些文字中，你们会找到我每次演讲都命中注定会被问到的那个问题的答案：天体物理和奇幻小说没有任何矛盾，幻想并不总是对现实的逃避，科学也不是缺乏想象的逻辑的枯燥领域。你们在书中还会发现许多可供阅读的奇幻书籍、可以尝试的角色扮演游戏和令人兴奋的视频游戏。

书中所写的文字，是一种抵抗；是对这个只有一种声音，并且封闭在窒息现实视野中的世界的抵抗；是对那些没有足够想象力，无法懂得一个道理的人的反抗。这个道理就是：在我们的世界里，幻想和科学只能是齐头并进的。

引言

有一天，我在帕维亚的一家游戏和漫画商店里闲逛时，翻阅了一本手册，里面的内容全是关于龙的。手册的名字叫《巨龙之书》，内容包含游戏的补充规则、游戏的统计信息、玩家提示以及各种其他信息。我本来不想买东西并打算看一眼就把它放回原处的，但当我看到第一页的一幅图时，我被深深地触动了。

这是托德·洛克伍德绘制的一幅图，描绘了龙的骨骼。随附的文本详细记录了解剖的参考数据，从龙的肩胛骨到翼方骨，再到所有龙都具备的确切数量的椎骨[1]。在仔细翻阅后，我还发现了龙的眼睛及其内部器官的详细插图，以及有关龙的生理学和新陈代谢的概念，还有一个有关龙的生命周期的章节以及有关不同种类龙的生态学的一些注释。

作为幻想和生物学的狂热爱好者，这两者的相遇使我着迷。原本我也认为它们是两个相距遥远的语言体系和不同的领域，甚至是不可相容的。当时我已经非常反感一个大众普遍的想法，即幻想以及角色扮演游戏、漫画等都是次要的叙事类型，是儿童的读物，是书呆子为了逃避反思，逃避来自成人生活的义务和责任才看的东西。我也已经喜欢上了卡尔维诺和博尔赫斯等作家，他们当然没有写过奇幻小说，但仍然可以证明我们可以谈论神奇的生物、骑士和咒语而不会显得琐碎、肤浅和幼稚。但是，魔法师、幻想的生物和奥术制品可以与科学的精确性和严格性相一致，这是当时的我还没有意识到的。

[1] 13根颈椎骨、12根胸椎骨、7根腰椎骨和36根尾椎骨。

从第一次看到《巨龙之书》到现在已经过去了十四年，从那时起，我对科学和奇异事物的兴趣一直持续不断地加深：我获得了生物学的博士学位，做了几年研究，然后继续从事科学普及。在做这些事情的同时，我从未停止过尝试角色扮演的游戏和阅读各种故事。

同时，书呆子走出了自己的小众市场，也将他们的想象力注入了主流文化。在《指环王》《加勒比海盗》和“哈利·波特”系列等电影大获成功之后，又迎来了拍摄超级英雄电影和“吸血鬼归来”（差不多到了它发展的青春期阶段）的时候，直到现在的《权力的游戏》（《权力的游戏》的复杂性几乎可以与“更加现实主义”的《黑道家族》或《纸牌屋》相提并论）。而从反乌托邦流派到《星球大战》式的太空歌剧，科幻小说的成功并没有减少的迹象。随着这样的成功，幻想文学本就模糊不清的流派边界逐渐变得越来越模糊。“科幻小说变得越来越幻想，奇幻小说也变得越来越科幻，但是这所有的一切都是美好的，因为这两种流派都应该向我们展示对世界的反思，并不断向我们提供疯狂的、怪诞的和离奇的想法。”作家麦克斯·格拉德斯通在美国著名科幻博客“科幻文学之信号”上接受采访时这样说道。

在这种情况下，作为一名科学记者，我开始撰写文章，探讨科学如何激发书籍、电影、游戏和漫画作者的灵感，以及这些作者在他们的作品中是如何通过反映对科学界及其研究的刻板印象、期望和担忧来描述科学和科学家的。在一开始，科幻小说显然主导了这些探索，其本质与某种程度的科学拟真和纯理论研究有关。但是越来越多的时候，我也遇到了诸如《巨龙之书》之类的融合了两者的情况，既保有流派的经典（从托尔金开始），也加入了诸如都市幻想、新怪异和科学幻想之类的元素。于是，我开始想要弄清楚这种结合发生的频率以及它演变的过程。

就这样，我写下了这本书。不想它成为对奇幻小说中出现过的科学元素的简单总结，也不是关于文学批评的学术分析或论文，而是科学与幻想之间的跨越边界的旅程。这种跨界的交流和融合比你们能想到的要多得多。首先，我分析了一系列原型、思想、人物和环境的科学内容，着重强调了科学方法和幻想方法之间的异同。我专注于小说和人类文化中魔术的不同形式；我关注角色扮演游戏的重要性，因为它有时是编撰、连贯性和叙事等相互矛盾的需求之间联系的纽带；最后，我尝试从历史和文化演变的角度来解释其中的许多要素。

这是一次复杂的旅程。在旅途中，我遇到了很多学科的问题，从写作到植物学，从人类学到材料科学，从文学分析到游戏设计，于是我求助了不同领域的专家学者，他们包括作家、科学家、记者、游戏作者等等。我依靠他们的专业知识完成了这次旅途。很显然，这次旅程的起点只能是龙。

旅途愉快！

第一章

龙的自然史

✡ 神话起源

历史上关于龙的记载，最早可以追溯到耶稣诞生前五千年的苏美尔神话和中国神话。其中最著名的就是提亚玛特的传说。提亚玛特是古巴比伦的海洋女神，也是原始混沌的象征。传说她的丈夫阿普苏被他们共同生育的后代众神所杀。为了替阿普苏报仇，提亚玛特化身成一条巨龙，后来被众神之一的马尔杜克击败。马尔杜克将她的尸骸一分为二，创造了天和地。在另一个版本的神话中，马尔杜克将提亚玛特的尸骸分成两半，分别扔到了黄道带的南部和北部，形成了天龙星座和长蛇星座。

以英雄与原始混沌斗争为主题的传说记载有很多，马尔杜克与提亚玛特的战斗是其中最古老的代表之一。在这些传说中，原始混沌通常都是以大型爬行动物或巨龙的形象出现。例如，赫拉克勒斯击败勒拿湖畔的九头蛇海德拉，雷神托尔对抗米德加德之蛇，日本雷神须佐之男斩杀八岐大蛇，圣乔治屠龙等等。这样的主题不仅出现在不同文化、不同民族的传说中，在很多奇幻叙事作品中也屡见不鲜。从《霍比特人》小说中的史矛革到迪士尼动画电影《睡美人》中梅尔菲森特化身而成的黑色喷火龙。甚至是在《龙与地下城》神话般的红盒子套装的封面上，也都描绘着战士与红色巨龙厮杀的场景。

这类神话是如何产生的？为什么人类总是幻想着要与一个巨大而可怕的爬行动物作斗争？记者马特·卡普兰试图在

他的《怪物科学》一书中，采用科学的方法和历史性的分析，结合自身古生物学的学科背景，给出这些问题的答案。

最初的人类在短时间内就学会惧怕毒蛇的毒性、蟒蛇的缠压和鳄鱼的大嘴，对于这些动物的恐惧可能已经植根于他们的基因中（正如美国天文学家、科普作家卡尔·萨根在《伊甸园的龙》一书中所说的，这种恐惧也根植于其他哺乳动物的基因中），也根植于他们的神话和民间传说中。意大利语中的"drago"（"龙"）一词来源于拉丁语中的"draco"和希腊语中的"drakon"，两者都可以被翻译成"龙"或者"蛇"，这并非是偶然。实际上，古希腊的龙大多就是没有腿和翅膀的，但却常常具备咬人时能够分泌毒液的毒腺。

然而，龙是大型生物，而世界上最大的活体爬行动物是生活在东南亚和澳大利亚北部的湾鳄（学名：Crocodylus porosus），其长度可达七米。它们的确很大，但还不够大。

到这里，我们的恐龙就要登场了。想象一下，如果你们生活在三千年前，对生物学、分类学和进化论一无所知。再想象一下，如果你们听说这种身上长满鳞片的动物，它们会用尖锐的獠牙或者吐出的毒液杀死其他生物，你们便会对任何爬行动物产生一种本能的恐惧。最后再想象一下，当你们在挖取和寻找贵金属的时候，突然发现一些比你们一生中见过的最大的动物的骨头还要更大的股骨、肋骨甚至是颅骨。这个时候，你们脑海中有没有自然而然地根据上面这些信息拼凑出一个龙的形象？

在这方面，任何一个史前巨型动物（猛犸、羊毛犀牛或巨型鹿）的标本遗骸都有可能引起一段传说，或者引发人类祖先的恐惧[1]，但是恐龙的骨架无疑是比较理想的。更适合的还有古代海洋生物（如蛇颈龙或鱼龙）的标本遗骸，因为它们容易让人联想到与龙的形象相关的巨型水蛇的形象。

还有一个没有解决的问题就是龙喷火的问题。喷火是欧洲中世纪龙族的一个主要特征。如果你们回想一下，从亚瑟王传说中的龙族，到贝奥武夫击杀的喷火巨龙，再到托尔金笔下盘踞在孤山的史矛革，就会发现大多数的喷火龙都是生活在地下洞穴中的。封闭的洞穴或者墓穴之中可能存在着像甲烷或硫化氢[2]一样的易燃气体，某个粗心的矿工或者寻宝者可能在工作或者寻宝的过程中无意间将这些气体释放出来。到那时，只需要一个火把或是镐在石头上摩擦出的一道火花就足以引燃熊熊的烈火，也许还会伴随着几声咆哮般的轰鸣声。瞧，这就是你们所说的龙。

不过需要注意的是：虽然这可能解释了喷火龙的神话是如何诞生的，但是它并没有告诉我们这些如火焰般呼吸的生物的器官到底是如何活动的。我们将在适当的时候回来继续讨论这个话题。在此之前，我们先来讨论其他的话题，就从不喷火的巨龙开始吧。它们可不会被轮值的英雄撕成碎片，而且它们也并不邪恶。为了更好地了解它们，让我们去到东方的世界吧。

---

[1] 可以合理地认为，很多来自不同动物的骨头被错认成是属于同一种生物的，这就解释了为什么在神话和民俗中会存在如此众多的杂交怪物，例如（狮头、羊身、蛇尾的）怪物、狮身蝎尾兽或狮身鹰头鹰翼兽，当然还有龙。

[2] 一种气体，有难闻的气味，有毒，人们常常将这两个特点与龙及其栖息地相关联。

龙的国度 ✡

在帝王时期的中国，龙是权力的象征，还曾出现在清王朝的标志上。清王朝是中国最后一个封建王朝。现在的很多中国人也都称自己是“龙的传人”。不过，龙这种生物在现代中国的文化价值已经慢慢超过了它原来的政治价值。这种变化体现在，例如，鉴于龙在西方是具有攻击性的生物，因此中国没有使用龙作为2008年夏季奥运会的吉祥物。

事实上，基于我在文化方面的学习，尤其是对历史的研究，我从小时候就发现：中国的龙以及其他东方国家的龙，与西方世界的龙是完全不同的。例如，《大魔域》中的幸运龙看起来更像是一条身体很长的飞天大白狗，它性格开朗，友善而乐观，与我之前认知里的龙的经典形象截然不同。

毫无疑问，西方概念里的龙都是爬行动物，长着四条腿和一对如蝙蝠一般的膜翅。但是在中国神话中，龙有着蛇的脖子、青蛙的腹部、鲤鱼的鳞片、骆驼的头、鹿的角、兔子的眼睛、公牛的耳朵、老虎的腿和鹰的爪子。它的每个特征都有不同的象征意义：其中有些特征属于蛇和老虎这类比较危险的猛兽，其他则属于人类生存所必需的家禽动物，例如鲤鱼、公牛和鹿。此外，每一条中国龙身上覆盖117片龙鳞，其中81片充满着阳性精华，余下的36片浸润着阴性精华。

所有这些都表明，中国龙似乎不是人类祖先恐惧的化身。它们不是人类想要逃避的怪物，而是具有伟大智慧的，与水和风有关[1]的高贵生物。不过别搞错了，它们是非常强大的生物，性格也很难对付，拥有带来雨水的自然力量，能够滋养田地和动物，同样也能够产生破坏性的风暴。没错，这就是中国龙的阴阳两面。只是大多数情况下，它们会展现出好的一面。

但是传说和故事在流传的过程中总会受到外界的影响而发生改变，会不断地被人们融入新的元素，因此东西方文化中两种不同表现形式的龙的形象也发生了碰撞和交融。最著名也最重要的案例就是厄休拉·勒·吉恩所著的《地海传说》，许多人（包括笔者自己）都认为这是西方奇幻文学的基石。可以这么说，她是为数不多的能够与托尔金相提并论且不落下风的奇幻作家之一。地海世界里的龙族有着古老的历史起源，它们强大而聪明，性情反复无常，颇为狡猾，对人类的生活不多过问。它们也非常睿智，有些甚至还很友善。它们是富有多变性格和复杂心理的生物，这种特征也表现出厄休拉·勒·吉恩对道家文化的极大兴趣。此外，值得注意的是，在地海的世界中，龙族和人类有着共同的祖先。但是，尚不清楚这是否是进化过程或是其他非科学性的动因所致。

在《龙与地下城》中也有不同类型的龙，尽管它们的道德倾向与它们的种类紧密相关：彩色龙（白色、蓝色、绿色、红色和黑色）是邪恶的，而金属龙（黄铜、赤铜、青铜、银和金）都是善良的。奇怪的是，在《巨龙之书》里面关于金

[1] 在《圣斗士星矢》中，紫龙的铠甲是绿色的，位于五老峰瀑布脚下。在鸟山明的《龙珠》中，标题里所说的“龙珠”具有召唤神龙的能力。召唤出的神龙强大善良，性格急躁，能够实现召唤者的愿望。

龙（金龙是所有金属龙里面最尊贵、最强大的龙）的描述中，我们发现了东方龙的一些特征，例如它们都有着长长的胡须，它们在空中的飞行轨迹也都如在水中遨游一般。

蛇的亲戚 ✡

中国是名副其实的古生物学发现与研究的大宝库。尤其是对恐龙的研究和发现，汉语中用“konglong”一词来表示这种生物，“kong”意思是“恐怖”，“long”则表示“龙”。从远古时代起，村民们就常常把大型恐龙的化石当成是龙的骨头收集起来（有些居民直到现在仍然还在收集它们）。因为传说龙的骨头是一味非常重要的中药成分，经过煮熟并研磨制成粉末后，可以与其他草药一起制成药剂，用来治疗各种病症。

这些珍贵的化石经过研磨熬制，最后居然变成治疗风湿病的中药，想到这里，是不是有些让人难以接受？但是，你们要知道，龙骨治病的这种传说其实对古生物学家的工作是大有帮助的。正是多亏了这些收集龙骨的居民给他们带路，他们才得以顺利进入拥有丰富恐龙化石资源的隐秘地区。这些居民还会将自己找到的骨头化石出售给古生物学家。

因此，我们对龙与恐龙之间的联系也就不觉得意外了。它们不仅在字面上有很强的关联，而且在文化方面也有着紧密的关系。以至于在中国发现的许多恐龙的名称中都包含了

“龙”字。例如，寐龙在汉语中的意思是“沉睡的龙”，它的大小与现在的鸭子一般，是一种长着尖锐獠牙的爬行动物，生活在约一亿五千万年前到一亿两千万年前。寐龙被发现的化石呈现出它处在休息状态下的姿势，与许多现代鸟类睡觉时的姿势非常相似。

当然，龙与恐龙之间的这种紧密联系在类型小说和流行的动画作品中也占有一席之地。《决战少林》是一部 2003—2006 年在美国播放的动画片。该片由居住在加利福尼亚的华人编剧许丽珍构思和制作，讲述了四名少林和尚与邪恶力量作斗争的故事，其中融合了中国武术、疯狂科学家和东方文物几大元素。在第三季的第六集中，其中一个角色因为霸王龙的出现而感到担忧，于是他向一条巨龙求助说：“你能跟我们讲讲他吗？因为基本上你也算是他们其中的一员！”巨龙愤怒地回答道：“你说什么？！如果我对你说，你基本上是只猴子，你感觉如何？你这是在惹我们生气，我们可是史前的野兽。仅仅因为他说话带有英国口音并不意味着他很聪明。我们喷火、飞翔和吃东西的时候可都是闭着嘴的！”

耀西是“超级马里奥”电子游戏系列中最具特色的角色之一。但他到底是恐龙还是龙呢？宫本茂创造的这个英雄水管工马里奥自发行之日起就拥有众多的粉丝。如果说，这些粉丝和维基百科一样，都是把耀西视为拟人化的恐龙，那么在日文版的《超级马里奥世界》中，他被称为“超级龙耀西”，而在《超级粉碎兄弟》中，他甚至长出了翅膀，还学会了喷火。这样的设计似乎是受到了另一款电子游戏《魔鬼世界》（1984 年）中龙的角色的启发。

类似的情况也出现在许多其他的日本电子游戏和漫画中，例如《游戏王》《神奇宝贝》《数码宝贝》和《塞尔达传说：时之笛》。《最终幻想 12》中四大怪物之一的霸王龙也非常类似真实的恐龙。《火影忍者》的漫画中的某个角色甚至可以变身为一条巨大的八头蛇，这让人联想起被须佐之男斩杀的神龙八岐大蛇，并且它身体的某些部分覆盖有羽毛，这也非常接近现代对恐龙形象的认知。

《火龙帝国》是 2002 年由罗伯·鲍曼执导的电影。电影中的巨龙从沉睡中醒来，将世界化为灰烬。电影的开头描述了人们通过对化石的研究，确定了龙是造成恐龙灭绝的原因。罗伯特·海因莱因在小说《荣耀之路》中认为，龙是恐龙进化的结果，由于恐龙体内的甲烷含量高，所以它们具有喷火的能力。最后，如果你们想欣赏一下霸王龙和龙之间的精彩对决，我推荐大家观看英国广播公司第四频道 2004 年制作的科幻纪录片《最后的龙》，在片中，制作方认为龙和恐龙是具有共同血统的生物，也试图去讲解龙和恐龙拥有的某些能力。

龙的飞行 ✡

东方传说中的巨龙虽然没有翅膀，但仍然可以飞翔。这种能力起源于它本身具有的魔幻象征属性以及它与风的关系，也可能是起源于金花蛇的“飞翔”能力。金花蛇属于游蛇科的一类蛇，集中分布在东南亚、南亚地区，在中国南方、印度和斯里兰卡也有分布。你们可以像我一样，在网上搜一下它们的视频[1]。你们会惊讶地看到这些爬行动物从树枝中飞出，在半空中滑行，就好像在空中游泳一般。与其他能够“滑翔”的脊椎动物不同，金花蛇属的蛇没有像飞鼠一般的膜翼作为翅膀。

弗吉尼亚理工大学工程与生物医学系副教授杰克·索查对金花蛇属进行了多年的研究，测量了它们水平飞行的速度（每秒约 1.7 米）和下降飞行速度（每秒约 4.7 米），证明它们的“摇摆”频率（1.3 赫兹）和控制飞行的能力与松鼠、蜥蜴和飞蛙相当。但值得注意的是，金花蛇属的蛇并不具备可用于滑行的膜翼。但是它们可以会让自己的身体平展，腹部呈现凹形，从而利用身体的振动来保持滑行时的稳定性。这些研究引起了从事高级国防研究项目的美国政府机构（美国国防高科技研究局）的关注，索查最新的研究也因此获得了该项目的资助。

凯莉·麦克科米克是一位艺术家、程序员和网页设计师，她创建了“The Circle of the Dragon”（龙的前世今生）网站，并尝试根据金花蛇的解剖结构，构建出中国龙解剖结构。她得出的结论是金花蛇的胸骨似乎更小，可能是由软骨组织而不是硬骨组织构成的，并且金花蛇的长度不可能超过两米半。如果超过了这个尺寸，金花蛇飞行的技能将无法施展，而文献中记载的许多中国龙都比金花蛇的尺寸大很多，但我们仍

[1] 例如，标题为“飞蛇”的视频——《纽约时报》在视频网站 YouTube 发布的科普视频。

然有理由认为金花蛇的存在可能对龙的神话的发展起到了一定的作用。另一方面，西方龙也有同样的问题：这么大的动物到底是怎么飞起来的？

这个问题被讨论的次数比你们想象的要多得多，特别是美剧《权力的游戏》大获成功之后，龙不再只是书呆子的专属话题，而成为了一个大家都非常感兴趣的大众话题。

让我们从现实开始讨论：目前人类发现的最大的飞行动物叫作诺氏风神翼龙（Quetzalcoatlus northropi）[1]，它的翼展长达 11 米，重约 101.6 千克，放心，你们不会有遇上它的风险。它是神龙翼龙（Azhdarchidae）[2] 科的翼龙，大约生活在六千八百万年前。那么这种大小的动物是如何起飞的呢？

所有的飞行动物起飞时是后腿蹬地起跳，而不仅仅是拍打翅膀。根据南加州大学古生物学家迈克尔·哈比卜的观点，翼龙起飞的时候也是如此，但是它同时也利用了前肢，也就是它的翅膀，这一点和蝙蝠起飞的时候相似。此外，也不能排除它们或许和信天翁或是秃鹰一样，也能够利用向上的气流起飞，只是利用的方式可能不同。我们还必须考虑到中生代时期地球的大气层可能比现在更加密集，因而这可能使它们的飞行更加容易。

所有这一切都说明，如果单单解释诺氏风神翼龙是如何飞行的这个问题已经相当不易了，那么当我们讨论到托尔金或《火龙帝国》里面那些会飞的龙的时候，问题就变得更加

[1] 受到中部美洲神祇（Quetzalcoatl）启发，Quetzalcoatl 这个名字的意思是“羽蛇神”，跟我们的主题有点关系。

[2] 来自波斯语的“azhdar”，你们可以试着猜猜它的含义。

复杂了，那些龙的翼展长度从 15 到 60 多米不等，而且重量随便拉一个就重达几吨。卓耿是《权力的游戏》中最大的龙，曾经被拿来和波音 747 进行比较。那就没办法解释了吗？倒也不是。在科幻纪录长片《最后的龙》里面，制片方把这个问题归因于居住在龙肠道中的微生物。据这部纪录片的作者们所说，这些微生物发生生化反应后会放出大量的氢气。氢气被收集在特殊的肺状袋中，由于氢气的重量比大气中的空气轻得多，因而可以帮助龙顺利地起飞和继续飞行。除此之外，氢气对龙喷火也特别有用。

✡ 喷火

是的，火。对于科幻爱好者来说，这是长期困扰他们的另一个难题。

幸运的是，自然界有一种也会喷射的轰炸甲虫（中国人称之为“放屁虫”）。这种昆虫具有惊人的防御机制：当受到威胁时，它们会在体内的一个小袋子中分泌出过氧化氢和对苯二酚的水溶液，袋子里面的酶会触发前者的分解和后者的氧化。化学反应释放出能量，使溶液的温度接近 100℃，并导致压力急剧增加。随后，甲虫身体里的内部瓣膜关闭，位于腹部末端的外部瓣膜被打开，从中喷射出炽热的液体。许多轰炸甲虫都能够以一定的精度引导射流。好吧，好像有点偏题了。不过，虽然甲壳虫看起来跟龙这种客机般大小的爬行动物没什么可比性，但至少我们可以从这种生物化学的角度来思考龙喷火的问题。

如果说龙喷火也是一样的道理的话，那么它体内的可燃物就是氢气和甲烷。这两种都是高度易燃的气体，并且可以通过细菌发酵而产生，然后就像在动物肠道中发生的反应那样，以一种难登大雅之堂的方式从肠道中排出。因此龙可能也像轰炸甲虫一样，学会了将这些气体存储在身体内的小袋子里面，然后以相同的方式喷出它们，但不是从腹部末端排出，而是从嘴巴里喷出来。例如，罗伯特·海因莱因在《荣耀之路》小说中就提出龙喷出来的是来自消化道的沼气，也就是甲烷。

此外，根据英国古生物学家和进化生物学家亨利·吉的假设，乙醚作为龙喷火的燃料也是可行的。亨利·吉不仅是《自然》杂志的主编、从事托尔金著作研究的著名学者，同时也是论文《中土科学》的作者。乙醚是一种有机溶剂，能够产生高度易燃的蒸汽。一般可以通过乙醇和强酸（例如硫酸）的混合反应来得到乙醚。而龙的肠道菌群中就有着大量能够产生乙醇和强酸的酵母和细菌。

那么龙体内的可燃物又是如何被点燃的呢？如果可燃物是乙醚的话，略微的加热便可以使其燃烧。因此，当乙醚溶液从内袋中快速排出时，会产生静电，使温度升高，从而引燃乙醚。如果可燃物是氢气的话，则需要空气中的氧气和催化剂，这里的催化剂可以是静电或诸如铂这类的金属。许多动物包括鳄鱼中的短吻鳄和草食性鸟类，会吞食可以帮助肠胃消化的石头。这种生存策略可能也适用于龙，不仅可以帮助它们消化腹中猎物的骨头，还可以利用岩石中所含的金属引燃体内的可燃物。

在《龙骑士历代记》中，美国作家安妮·麦卡弗里借用火石来解释龙喷火的原理。火石是作者假想出来的一种特殊的岩石，它的成分中含有磷化氢，是一种无色、易燃且剧毒的气体。小说中的龙通过咀嚼这种岩石，将磷化氢储存在胃中。由于胃里的压力远高于大气压，当磷化氢气体排出体外时，气体受到的外部压力急剧下降，在与氧气接触的瞬间，气体被点燃。

如果你们也喜欢这些假设，那你们一定也会期待英国作家特里·普拉切特讲述的故事。在他《碟形世界》中的月亮上，生活着月球龙，因其常年吞食富含辛烷的蔬菜，所以可以毫不费力地喷出剧烈的火焰。但月球龙的火焰是从身体后面喷出的，是不是不太雅观？不过，正是由于这种喷气推进的身体结构，月球龙才能够在空中飞行。我再来说说其他的龙：在《碟形世界》中的沼泽里，还生活着一种不幸的小龙，俗称寻常龙。根据学者的说法，它的祖先可能是从月球跌落到地球上的一些月球龙，因此，它其实是地理隔离导致新物种形成的完美例子。这些小龙已经开发出一种自己的内部器官系统，该系统可以适应并充分吸收以煤炭和石油为基础的饮食。当然，这种食物的助燃效果不如月球上的优质燃料。与此同时，它喷火的方向也发生了变化。它是从口中喷火的，因此这对它的飞行没有任何帮助。它不再能够依靠后方喷火产生飞行的推力，而必须服从物理定律。这也就是它们身材很小的原因。在结束《碟形世界》的部分之前，我还要跟你们说说有关贵族龙的故事，它是一种符合我们正常印象的龙：巨大、聪明、自大，能够从身体高贵的部位喷射火焰，自由飞翔。那么它又是如何喷火的呢？它进化后其实是靠魔法为生的。实际上，在《碟形世界》中，魔法是存在的，但数量不足以使所有的龙都得以生存，因此，这些龙都转移到了另一个维度，有的时候可以通过特定的仪式把它们从那里召唤出来。

然而，并非所有的龙都会喷火。例如，在《龙与地下城》中，有几种是喷冰、闪电、强酸或者持久性的毒气，也就是氯气。世界构建者交流平台（Worldbuilding Stack Exchange）是致力于建立世界的网站，旨在创建虚构的世界，作家和艺术家可以在其中讨论如何利用科学、地理和其他学科来提高虚构世界环境的可信度。在查阅网站中的各种讨论的话题时，我发现了一个关于龙喷冰的科学可行性的有趣讨论。讨论中提到了各种可能的喷冰方案，例如是利用液氮还是更有效果的液态二氧化碳。

在继续下面的内容之前，我必须提前申明，关于此主题的下一个示例（也是最后一个示例）与《权力的游戏》第七季有关，因此，如果你们还没有看过这一季，并且不喜欢被剧透的话，那么你们应该跳过这一段。

实际上，我将谈到的是丹妮莉丝·坦格利安的三条龙之一的韦塞里昂。它在本季结束时被暗夜之王杀死，变成了不死生物，并且夜王还利用它口中喷出的强大蓝色冷焰来摧毁绝境长城。剧集播出后，网友们立刻开始讨论：韦塞里昂喷出来的究竟是什么？科学记者贝基·费雷拉提出了一个有趣的假说：双氰基乙炔，这是一种透明的液体，有氧气的时候会燃烧，并发出蓝白色的明火，最高温度可达5000℃。为了让大家有更直观的认识和对比，这里我提一下大家可能更加熟悉的甲烷，甲烷燃烧时的火焰温度是在900 ~ 1500℃之间波动。所以，如果贝基说得对，那么韦塞里昂的火焰威力可能比丹妮莉丝剩下的两条龙的威力要强大得多。

✡ 龙的种类

说到科学和龙的话题，就不得不提及玛丽·布伦南的名字。美国作家布林·纽恩施万德曾用这个笔名出版过好几本书，其中包括系列小说《特伦特夫人回忆录》，可惜这部作品并未被翻译成意大利语。布伦南在这系列小说中讲述了伊莎贝拉的冒险经历。上流社会中长大的伊莎贝拉不愿因循守旧地生活，她立志成为一名博物学家，并决定去探索世界，探寻龙的秘密。从科学的角度来看，布伦南的小说在描述现有龙的所有物种和亚种以及对它们进行分类时所采用的方法等方面都近乎于真实。不要指望在这部小说中看到装备有剑的会用魔法的英雄和魔法师，因为您不会找到他们中的任何一个。伊莎贝拉生活的世界其实是我们所熟悉的维多利亚时代的翻版，虽然在小说中对某些国家的名称做了更改，但还是很容易辨认。

“从一开始，我就知道我想写一部系列小说，我想在每一本书中把主角送到不同地方。因此，我需要了解生活在不同环境中的各种各样的龙类。由于伊莎贝拉是科学家，所以我还必须确保龙的不同种类之间的差异不是随机的。它们必须与它们所居住的环境保持一致。为此，我从真实的动物中获得了很多启发，比如关于它们的行为、狩猎方法等。例如，我书里面所写的大草原蛇，它就与猎豹有很多共同点。”玛丽·布伦南这样告诉我。

在布伦南提到的龙的亚种中，有一个反复出现在民间传说和小说中的亚种，值得我们特别关注。它们叫飞龙，外形看上去很像龙，但是只有两条腿而不是四条腿，还有一对翅膀。它们通常不如龙聪明，但比龙更狂野，几乎不喷火，但却带有毒性。它们不仅在英格兰、苏格兰和爱尔兰的各种纹章中很常见，也出现在许多奇幻传奇作品中，从《龙与地下城》到《最终幻想》，从《魔兽世界》（但是《魔兽世界》里的飞龙更像是狮子、蝙蝠和蝎子的杂交）到莉西亚·特洛伊斯奇幻传奇小说系列《龙女孩》（在这个系列里面它们是作为龙的邪恶对立者出现的）。

1976 年，约克大学的生物学家彼得·霍加斯在《英国生态学会简报》上发表了一篇文章，在文章中他用适当的语言幽默地展示了龙的生态学的各个方面：龙的行为、生命周期、物种动态（这个数据与活动中的骑士和圣人的数量密切相关）。他还谈到了它们的肢体数量，提出在进化的早期阶段，它们的肢体数量发生了从四个增加到六个的变化（当然这里的肢体包括翅膀）。几个月后，牛津大学的生态学教授罗伯特·梅在《自然》杂志上对他做出回应。在承认霍加斯的文章“毫无疑问是开创性的”的同时，梅也就肢体的数量提出了不同的意见："脊椎动物在进化过程中保留最多的特征之一就是四足动物的形态。"这意味着龙和其他六足动物（如狮身鹰头鹰翼兽、人马、飞马和天使）一起，都属于与四足动物不同的种群，但是飞龙和独角兽与四足动物是同族的。但是，梅又总结说："鉴于龙和飞龙相似的生态行为和外观，将它们归到一类也是可以理解的。尽管它们之间有着至少四亿年的系统发育差异，但它们仍是研究进化的重要例子。"

如此说来，将龙与飞龙区分开似乎很容易，但现实却大不相同。例如，保罗·乌切洛那幅名为《圣乔治与龙》的名画。不可否认，被英勇骑士刺穿的怪兽有四个肢体（两条腿和两只翅膀）。莫非是这个勇敢的英雄抓错了怪兽？

事实证明，在纹章学的范畴，撇开大不列颠群岛不谈，这两种生物之间基于肢体数量的区别并不是很清晰。如果你是托尔金的忠实粉丝，你可能已经注意到这个英国作家描绘的史矛革有六个肢体，而在彼得·杰克逊的影片版本中，龙就变成了四足动物，包括《权力的游戏》《火龙帝国》《天际之龙》或"哈利·波特"系列中也是如此。为什么呢？这个问题的答案其实与科学有关，如果你们想要了解得更多，就要等到本章的结尾。

导弹和骑士 ✡

有什么英雄比骑着战马的英雄更勇猛？很简单，骑着龙的英雄。龙骑士的传统主题已成为奇幻小说的经典作品中的必备要素：《永不结束的故事》《魔兽世界》《洛多斯战争记录》《龙骑士》《科拉传奇》《战锤》以及广为人知的《龙与地下城》等。如果要列出所有出现这一角色的小说、漫画、动漫、电影和游戏，那么这个清单真的会很长，并且最终以丹妮莉丝·坦格利安在《权力的游戏》中的形象达到顶峰。即使不是奇幻作品爱好者，应该也都看过她骑着卓耿的剧照。

在各种神话中，都有提到能够骑龙的角色，但今天这个人物形象能够如此受欢迎，极有可能是安妮·麦卡弗里所致。她是第一个获得科幻小说和奇幻小说重要奖项的女性，1968年，她凭借《寻找韦尔》获得雨果奖，1969年，又凭借《龙骑士》获得星云奖。这两个故事开启了《帕恩行星的龙骑士》，一直持续到2012年作者去世。这个系列共包含二十三部小说、两个故事集和其他一些作品。之所以要讲一下麦卡弗里和她塑造的龙骑士，不仅仅是因为这个系列获得了巨大的成功，更重要的是它使得龙骑士形象深入人心，大受欢迎。同时，它也向世人展示了奇幻小说中的经典是如何真正在科学中扎根的，绝不仅仅只是我前面提到的诸如磷化氢之类的问题。

实际上，帕恩行星上的龙是得益于基因工程技术才得以重生的，它们被用来抵抗具有强大破坏力的怪物费里。这个怪物每隔两百五十年左右便会来到地球上进行破坏。在出生时，每条龙都被分配给一名龙骑士，成为骑士的坐骑，并通过烙印的过程与龙骑士建立起精神纽带。尽管安妮·麦卡弗里一直在重申，帕恩行星的传奇故事是科幻小说而不是奇幻小说，但不可否认的是，在这部作品中并看不到这两种流派之间的明确界限。帕恩行星是一个以农业、易货贸易和吟游诗人口头传统为基础的封建社会。在这种社会中，龙与龙骑士通过心灵感应进行交流，这种感应几乎可以传送到任何地方。他们甚至可以穿越时空。另一方面，帕恩行星上没有魔法，行星的轨道有其自身的作用，人们相信自然定律的存在，认为自然定律是可以被研究的。简而言之，就是因为有这样的情节设定才为这部作品贴上了科学幻想的标签。

另一个必须要提及的系列小说中的龙就是迈克尔·斯万维克的铁龙和火龙。这些龙是真正的战争机器，也就是说，它们是钢制的，装备有导弹和凝固汽油弹。然而，与此同时，它们又是活生生的魔法生物，狡猾而邪恶，具有凶猛的破坏本能，能够施咒并操纵他人的思想。这个系列的小说共有两本。第一本中出现过一条龙，它甚至用一种迷惑性的共生魔法，成功地征服了一个微观种族，影响着它们的社会，引导它们迁徙并生活在它自己的体内，为它修复身体的损伤。显然，骑士的概念也被颠倒了：每条龙都有一位龙骑士，它与骑士建立精神上、奥术上和技术上的联系。因此，麦卡弗里和斯万维克的作品都很好地证明了科学是如何影响和塑造诸如龙骑士之类的幻想偶像的。

龙的形象化 ✡

当作家在小说中描述一个物体、一个动物或一个人的时候，他都必须去加工处理读者脑海中已经存在的那个物体、动物或人的固有形象。例如，如果读者在看完电影后再阅读《侏罗纪公园》，就会发生这种情况，但是这个时候作家能做的已经不多了，因为对于看过电影的读者而言，伊恩·马尔科姆这个人物已经拥有了杰夫·戈德布鲁姆的面孔。

这意味着作者在描述事物时不必从头开始，而是可以利用与该物有关的集体想象力。这适用于杯子、汉堡包或警察之类的寻常之物，同样也适用于龙。描述龙固然重要，它可以使读者感觉到龙的存在、龙的力量、龙的威胁或龙的智慧，但是大可不必为了描述龙的外表，从解剖学的角度给它添加成千上万个细节。

如果要在电影、漫画、视频游戏或电视连续剧中呈现龙的形象，那又是另一回事了。当我第一次看到电影版的《永不结束的故事》（电影版名为《大魔域》）时，起初我很难接受电影里幸运龙作为一条龙的形象，因为那个身材细长的大型飞行狗与我脑海里拥有膜状翅膀会喷火的巨大爬行动物实在相距甚远。后来，当我阅读迈克尔·恩德的小说时（电影就是根据他的小说改编的），即使小说里描述的幸运龙不是这样的，电影中的形象也已经扎根在我的脑海里，以至于在一些封面图片上，幸运龙的头与狮子非常相似，在其他的封面图片上幸运龙的身体更像是爬行动物。这些细节不需要在书面文字中明确描述出来，但放到图像中表现的话，这些细节就变得非常重要，因为这将与我们想象中的内容重叠。为了使其可信，就要用更多来自现实的细节来丰富它。这当然不是什么新鲜事：米开朗基罗和达·芬奇解剖尸体以研究其解剖结构，因为他们和他们的老师以及古代的许多其他艺术家一样，他们的艺术都是基于对自然的模仿。同样地，如今的设计师和动画师，如果他们想呈现一条龙的形象，也会去研究爬行动物的生物学以及蝙蝠和鸟类飞行的动力学。

为了使《霍比特人》中史矛革的形象更加逼真，维塔数码公司的专家们用软件模拟了它一百多处肌肉的运动，并构建了它的骨骼结构（三百根独立的骨头）。比可蒙多公司的数码艺术家们在参与《权力的游戏》的制作时，为了呈现出更加逼真的龙的形象，他们研究了鸡翅的解剖结构以及它的机械极限；同时，为了模拟卓耿的起飞，他们从鹈鹕身上汲取了灵感。在这个过程中，他们从乔治·R.R. 马丁那里获得了大量帮助。马丁为了使他小说中的龙更加真实，设定了两只脚的龙的形象，并结合蝙蝠和鹰的飞行模式来描写龙的飞行。

龙喷火的画面制作也是如此。你可以尝试找一下《权力的游戏》《火龙帝国》或“哈利·波特”系列中某条龙吐火时的画面。你会注意到，火焰并非直接来自该生物的喉咙，而是自口腔两侧喷出的两股气体的混合产物。这些气体被喷出后相互混合，发生燃烧。如果你再仔细找找，会发现一些特写画面，在这些画面中可以清楚地看到侧面气体喷出的孔口。

这就是为什么你最近在屏幕上看到的龙都是两只脚的，而且它们走路时会用翅膀辅助（这些翅膀就是从脚进化而来的）；这就是为什么电视上这些龙的生理结构都非常符合喷火的科学原理；这就是一些科学家喜欢对这些龙的科学合理性发表评论的原因：这些都是基于真实之上的。这些龙的外观和动作越能使你想起亲眼看到的或在纪录片中看到的动物，看起来可信度就越高。它们不再是绝对荒谬的怪物，而是极有可能真实存在的怪物。这种悬而未决的感觉会持续激发你的好奇心。

第二章

奇幻生态元素

INCANTO

“它是一只神兽，拥有狮子的头颅、山羊的胸膛和一条龙的尾巴，可怕的血盆大口中不断吐着火焰，但是最后，在众神的帮助下，英雄将其杀死了。”这是荷马在《伊利亚特》中对希腊神话中最著名的怪物之一——奇美拉的描述。传说中，这只庞然大物一直骚扰着位于安纳托利亚半岛南部海岸拥有着悠久历史的利西亚地区。关于它的神话可能也是受到该地区某些地方（例如火石 Yanartas[1]）的影响，因为在这些地方常年会有沼气和其他气体从地层漏出。这和我之前跟你们说的关于龙的传说的由来非常相似。

但是，使奇美拉出名的特征不是它能吐出火焰，而是它是奇异的嵌合体的事实，以至于它的名字成为一种专门的术语，通常用来表示由包括人类在内的不同野兽杂交而来的虚构生物。在这些进行杂交的动物中，最常见的有狮子、蛇、公牛和鸟类，还有很重要的地区性的变种，例如鳄鱼和河马（埃及），或者老虎和大象（印度）。

奇美拉这个术语包括的一个有趣的例子是蝎尾狮。它是一种波斯怪兽，具有人的头、老虎或狮子的身躯和有毒的尾巴，或者是因为它与蝎子相似，又或者是因为它有刺，它曾多次出现在很多的奇幻作品中，例如《珀西·杰克逊和泰坦的诅咒》《海贼王》《波多里诺》、“哈利·波特”系列等；也出现在各类游戏中，比如《龙与地下城》《战锤》《黑暗之魂》《战神》等。但最有趣的重新诠释还是乔治·R.R. 马丁的《冰与火之歌》：一种生活在玉海岛（准确地说就是蝎尾兽群岛）

---

[1] 在土耳其语里，意思是“燃烧的石头”。

上的昆虫，有着珠宝般璀璨夺目的甲壳。它的这个特征被一个男人利用，将其制成圣甲虫形状的珠宝送给了丹妮莉丝·坦格利安。这种做法其实丝毫不带怜悯之情，因为蝎尾兽的强大毒性对人类来说是致命的。谁也不知道马丁如此随意地就更改了蝎尾兽的原型，是否是受到了瑞典学者查尔斯·德·杰尔的启发。查尔斯在 1778 年描述了虎甲的第一个物种大王虎甲，也称其为蝎尾狮[1]。关于马丁灵感来源于昆虫学的猜想的另一个依据是他笔下蝎尾兽的另一个特征：在蝎尾兽宽阔的尾巴上有能让人联想到人脸的图案。在其他昆虫身上也发现过类似的特征，例如一些臭虫和鬼脸天蛾，也被称为骷髅天蛾。是的，正是《沉默的羔羊》海报上的那只。

另一个值得一提的奇美拉是狮身鹰首兽。这只半狮半鹰的生物诞生在古埃及和美索不达米亚，它先是到达希腊，然后又从希腊去了欧洲，在欧洲融入到了基督教的象征体系[2]和纹章图案中，最终进入幻想文学和角色扮演游戏。作为高贵而雄伟的两种动物的嵌合体，狮身鹰首兽的起源被认为是这两种动物本身包含的寓意。

但是，阿德里安娜·马约尔并不这么认为。

[1] 在非洲民间传说中，这些甲虫的名声并不好，因为它们下颚骨的镰刀形状，它们甚至被视为死亡的化身。

[2] 在但丁《神曲》（炼狱篇）的第 29 篇中，但丁遇到了一个游行队伍，队伍中拉着一辆双轮小车的就是象征着基督人性和神性双重性质的狮身鹰首兽。

✡ 怪物猎人

斯坦福大学的科学史学家阿德里安娜·马约尔是世界一流的地质神话学专家之一。该学科研究近代科学以前的神话和民间传说中包含的地质事件的相关记载，如地震、洪水以及化石的形成。1993 年，她发现狮身鹰首兽与各种嵌合体和其他神话生物不同，它并不是神话中英雄的敌人，而是作为真正存在的生物，通常被视为宝藏的守护者。于是，阿德里安娜·马约尔开始专注于对狮身鹰首兽的研究。将狮身鹰首兽的传说带给希腊人的很有可能是斯基泰人。斯基泰人是占据大片亚洲地区直至黑海北部沿海地区的印欧游牧民族。他们在蒙古和中国之间的阿尔泰山脚下挖金时，曾找到一些恐龙的化石遗迹，如原角龙，它是一种四足的草食性恐龙，长不到两米，尖锐的喙类似于鹦鹉。根据马约尔的观点，这就解释了狮身鹰首兽的神话起源。她的这一假说引起了学者们的极大兴趣，但也受到了一些批评。其中，朴次茅斯大学古生物学家、古画研究家马克·维顿的批判最为清晰，他指出了马约尔假说中的一些矛盾之处。根据维顿的说法，马约尔没有考虑金矿与发现原角龙化石的地方之间的距离，也没有考虑到在传入希腊和中亚之前就已经存在狮身鹰首兽的记载。之后，这位古生物学家在他的网站上发布了一篇文章，其中写道："许多学者只是简单地将狮身鹰首兽视为嵌合体，即通过将动物和人类的身体部分拼凑在一起，用于象征或文学意图而发明的生物。"

不可否认，动物具有强大的隐喻意义。从印度到古埃及，从美索不达米亚到中国的许多古代文化中，神灵及其化身都具有动物性的特征，这是一神教的进化过程中一直保留下来的象征体系。图腾、星座、纹章学符号和童话故事都是从动物界延伸出来的，在动物的身上可以寻找到人类的美德和缺陷。通过混合和重新组合这些特征，形成了各种嵌合体。因此，嵌合体似乎更多地属于象征性世界，而不是自然界。

但是，这些虚构的生物并非来自虚无，而是恐惧、环境现象和自然观察的结合。想一想东方巨龙，正如我们之前所看到的，似乎比西方巨龙更不现实，更“神奇”。可以肯定的是，它们的物理外观一定也和嵌合体相似，是九种不同动物部分身体的组合，每种动物都有一定的象征意义。这并不能排除金花蛇属的飞蛇在激发中国龙的某些特征方面可能发挥的重要作用。此外，关于“龙骨”功能的传说证明了中国龙与恐龙之间的联系，这对古生物学也做出了重要贡献。

这就是说，神话生物的科学性远非荒谬可笑。它适用于地质神话学和神秘动物学。神秘动物学是由伯纳德·休维尔曼斯于1955年创立的一门学科。伯纳德不仅是动物学家，还是音乐家、演员和作家。他创立的这门学科旨在发现那些科学尚未证实但通过神话、传说和公开的目击记录而间接为人所知的动物。

洛伦佐·罗西是自然主义者，也是神秘动物园网站的管理人，这是意大利第一个致力于该学科的网站。他在网站上写道：“神秘动物学对科学研究的主要贡献是加快了地球生物多样性清单的完成，使可能已经濒临灭绝的新物种能够在最短的时间内获得法律保护。”随着时间的流逝，也由于休维尔曼斯本人并不总是采取严格和合理的方法，这门新兴学科逐渐沦为伪科学、轰动主义和阴谋主义。他的几个追随者一开始就把怪物、幽灵和外星人的存在作为研究的前提，完全忽略了作为科学方法基础的假设检验和可证伪性的原则。

“对神秘动物学理论的伪科学性的批判当然不是没有根据的。特定假设的使用和数据的处理仅考虑有利因素，而忽略那些与学科理论相悖的因素，这是该学科研究实践的长期做法。”罗西在神秘动物学的文献综述中承认了这一点，“但是，虽然神秘动物学的部分主张是伪科学的，但这并不一定意味着它的研究方法也是如此。”

因此，科学上较为严谨的神秘动物学的研究并不在于寻找雪人或尼斯湖怪兽，而是如罗西在神秘动物园网站上解释的那样：“在向当地居民收集所有最完整和最新的信息的同时，寻找一切可以找到的，能够证明被目击到的动物存在的具体证据，并在尽可能最佳的情况下与这些动物进行会面。”

✡ 真实的嵌合体

在所有这些关于化石、神话和各种象征主义的论述之后，是时候跟你们说说真实嵌合体的存在了。

首先，这里说的嵌合体是软骨鱼类的一种，也称为银鲛，或是有一种非正式的叫法，称之为幽灵鲨。但这与哈维尔·巴登在“加勒比海盗”系列的第五部电影中释放的不死鲨鱼无关。银鲛不是鲨鱼，尽管它们是远亲[1]。它们几乎只生活在海床上，长度不超过一米半，并且外形奇特，这也是它被叫作嵌合体的由来。银鲛属的鱼类中，例如兔鱼，是有毒刺的，刺伤人后也可能会造成危险。

与神话一样，嵌合体一词在生物学上也有较广泛的用途。但是，在解释之前，我要先说说双胎消失综合征。这种病例首次确诊是在1945年，其发生的概率占多胎妊娠的20%至30%，其特征是双胞胎中的一名胎儿死亡，其身体组织被另一个胎儿吸收，因此，另一个胎儿将拥有两个不同的细胞和两种DNA。如果你们已经想象出出生的恐怕会是一个可怕的个体，那么你们可以放心：幸存的胎儿通常身体状况良好，很可能永远不会知道他自己是嵌合体，也就是说，他是至少包含两个不同个体[2]DNA的生命。

在动物界，当不同的DNA来自两个（或多个）受精卵，也就是来自受精卵细胞的时候，即称为嵌合。它在哺乳动物中非常罕见，除了一些特例，例如维德的绒猴。这种生活在巴西森林中的小猴子通常会生双胞胎，其中95%是嵌合体。这是因为在它们胚胎形成的过程中，两个胚胎的绒毛膜，也就是受精卵最外面的膜，融合在了一起，通过血液实现了胚

---

[1] 不过，如果真的要严格说起来，从电影中不死鲨鱼腐烂的皮肤之间，我们可以看到肋骨，而真正的鲨鱼是没有的，也就是说，作为软骨鱼，它们是没有硬骨的。

[2] 关于双胎消失综合征，还有一些有趣的故事。例如，一个男人，经过一系列的基因测试，发现他的儿子没有遗传他的DNA，而遗传了他“失踪双胞胎”的DNA。因此，从基因上来讲，他是他儿子的叔叔。

胎干细胞的交换。

人类的嵌合症也可能是输血或骨髓移植的结果。在这个过程中，个体的血细胞中出现了在遗传上不同于其自身细胞的血细胞。但是，最常见的情况仍然是母胎微嵌合体病，在大多数孕妇中，她们的某些胎儿的细胞会通过胎盘进行迁移并到达母亲的血液中，这些细胞可以继续存活数十年之久。反之亦然[1]。

嵌合体的培养在生物学研究中是非常常见的实践，主要用于产生转基因小鼠。通过失活小鼠的某个基因以试图了解该基因的功能。生产这些小鼠，或者叫基因敲除小鼠已成为许多生物医学研究领域的基本程序，以至于1989年第一批成功制造出基因敲除小鼠的马里奥·卡佩奇、马丁·埃文斯和奥利弗·史密西斯获得了2007年度的诺贝尔医学和生理学奖。通过组合包括人类在内的不同物种的基因也可以来创建嵌合体。人和动物的嵌合体可以通过将人的细胞或组织移植到其他脊椎动物物种的胚胎、胎儿或成年动物体内来形成，目的是在动物身上植入人类细胞的特性。这样，生物学家就可以在原本不可能用来实验的人体组织和器官上进行实验。这是一种间接的人体实验，可以深化人类生理学各个方面的研究，还可以以非常有效的方式进行药物测试。长期以来，研究传染病的科学家一直在用人类免疫系统的细胞制造小鼠，而从事肿瘤学领域的研究人员已将人类肿瘤植入了实验

[1] 网上有一条关于某项研究的传闻。该研究表明妇女如何吸收和维持每一个与其发生性关系的男人的DNA。如果你们分享过这个研究，那你们就做错了，因为这是一个骗局，扭曲了对男性微嵌合体研究的意义。

动物。其他学者试图在猪或羊身体中生长人体器官，例如心脏、肝脏和胰腺，以便在器官移植时能够使用它们。这样的研究技术既有前途，又有潜在的争议，并引发了许多道德和立法的问题。

奇幻作品中把嵌合体作为实验室产品的有趣例子就是荒川弘的漫画《钢之炼金术士》。漫画中的这些生物都是生物炼金术过程的产物。这种炼金术可以将两个或更多不同的生物融合为一个装有这些生物所有属性的新个体。这些杂交生物多被用作守卫或用于军事目的。只要把人类排除在外，嵌合体的生产是一种可以接受的做法，因为在《钢之炼金术士》的世界中人类的变异是被禁止的。当然，这并不能阻止有人在人类身上进行秘密实验，不过其实验结果却差别很大：有畸变的怪物（有时候是在实验者的亲属身上进行实验，创造出的怪物），也有人类嵌合体的最高表现形式，即有能力变身为具有奇异能力的野兽混合体的人类个体。例如，速度非常快的人形野猪，能够从背部发射刺。

奇幻植物在哪里？ ✡

虚构的世界充满了神秘而未知的地方，不仅有各种各样的野兽，还有许多植物有机体。其中一些并不是风景中的简单元素，与我们迄今为止所讨论的生物相比，它们所具有的特质和怪异程度也并不会少。许多奇异的假想植物可能还没有具备人类的特性，但已经共有着某些动物的特征。

在中世纪的植物标本集中，有时也在动物标本集中，我们可以找到具有人形根部的曼陀罗和鞑靼植物羊羔，这两种都在豪尔赫·路易斯·博尔赫斯的《虚构集》中有提到。还有来自神话中的希腊树妖、若虫和树灵以及日本的儿玉灵。然后，还有会说话的树，从那些指引古代北欧德鲁伊的树到亚历山大大帝和马可波罗在印度遇到的能够预测未来的日月树；更不用说绿人这种民间传说和欧洲艺术中都非常普遍的原型，不仅与自然崇拜和神话人物（如潘、罗宾汉、绿骑士）相关，而且在很多其他的文化中，从古埃及到中国西藏，从墨西哥到中东，也都有对应的原型。这些生物中的大多数后来都扎根于奇幻文学中：绿人，是最后一个活着的尼姆，也是《时光之轮》传说中世界之眼的守护者；《纳尼亚传奇》中的树妖以及在许多角色扮演游戏中出现的树妖；“沙娜拉”系列中的圣树；《冰与火之歌》中的鱼梁木。当然还有《指环王》中的恩特，它们是被称为“treant”（tree-giant，巨型树木）的大型人形树的祖先，在角色扮演游戏和视频游戏例如《魔兽争霸》《奇迹时代》和《全面战争：战锤》中深受欢迎。它们在里面经常充当大自然的守护者或是精灵战队的保护者。

奇幻作品中描述的这些植物似乎都必须是与动物杂交而成的。“从我们的角度来看，植物是现存的生物中最与众不同的，因为它们建立了与动物截然不同的生存系统、资源生产系统和进化适应系统，”帕尔玛大学植物学和药物生物学副教授雷纳托·布鲁尼说道，“但是，当我们想要讲述它们的故事时，会与我们的经验相关联，并且我们参考的资料范围也都是以人为中心的。从某种意义上讲，这是不可避免的。”

特别是作家想要描述一个危险植物的时候，尤其如此。试想一下，一般而言，食肉植物在小说和游戏中的表现方式与动物捕食者的不同之处，仅仅在于它们的移动性更差，但有力的树枝、凶猛和天生的伏击天赋弥补了这一点。“毕竟，在进化过程中，我们对蛇和昆虫产生了恐惧，我们也学会了看见狮子要逃跑。但是我们在一株植物面前，没有逃避的必要。”布鲁尼总结道。甚至像《指环王》中的树胡子这样的积极角色也具有巨大的破坏能力，但是，这种破坏能力还是通过投掷巨石和倒塌墙壁这样的人为行动来体现的。

实际上，植物和人的嵌合体是不存在的，关于这一点，到目前为止，我们都是赞同的。但是，这并不意味着在植物之间也没有嵌合体。事实上，“一种植物嵌合体具有不同的基因组，这些基因组也可以来自同一合子。”布鲁尼解释说，“在动物中，嵌合体的形成只能在一定条件下发生，而在植物中，理论上来说，嵌合体是可以一直发生的。这是因为植物在其整个生命中会持续地生长和更新，而动物的基本结构是在胚胎中定义的，然后在成年后几乎保持不变。”

植物的组织被称为分生组织，这种组织以类似于动物胚胎干细胞的方式维持产生新细胞的能力。因此，在植物的连续生长过程中，有可能发生一系列突变导致新的遗传系的形成，这与动物是不同的。在动物中，只有在胚胎发育期间才能自然发生这种突变。

“想象一下，有一个嵌合的薰衣草，其中一部分会开出淡紫色的花朵，而另一部分会开出白色的花朵。”布鲁尼告诉我说，“如果你尝试切下两种花作为接穗[1]分别进行嫁接，那么你会得到两个不同的个体，它们将开出不同颜色的花朵。但你不能对动物这样做。如果你把一个人首马身的怪物切成两半，想要这两半分别长成一个人和一匹马，那么最后你得到的只能是一个死去的人首马身怪。”

我们如何看待植物是否有智慧的问题？这个话题在科学界引起了激烈的争论，尤其是在最近几年。有些人声称植物具备认知能力，并且知道如何处理信息以适应环境。还有一些人则提出植物没有大脑、神经元和突触，因此不可能拥有与人和动物相似的智力，并用这样的事实来批判植物神经生物学的观点。

“我们应该理解智能的含义，因为在缺乏共同定义的情况下，我们只能依赖于辩解。”布鲁尼解释说，“如果将其定义为以可塑性方式适应环境刺激的能力，那么植物是拥有智能的。如果将其定义为处理信息并针对从环境中接收到的刺激生成新的东西的能力，那情况就不同了，这一点是植物无法做到的。我认为，乌鸦学会用树枝作为工具去获取够不到的食物，这是智能的行为。但乌鸦在掠食者靠近时飞走的行为则只是本能的反应。”

简而言之，用描述动物的逻辑和类别来描述植物是非常困难的，有时还很容易引起误解。它们属于两个不同的领域，彼此之间有着深远的生物学差异，并且有着极其不同的进化

[1] 接穗是指植物的一部分，被切割并放入土中或水中，目的是让它吐出新芽，从而生长出新的植物种类。

历史。

谁猎捕捕食者？ ✡

黑暗的魔法森林、斑驳的沼泽、荒野和难以通过的丛林，这样的环境不仅依靠居住在其中的动植物来营造，还包括不同生物、地质特征和气候变量之间的紧密的关系网络，也就是说，是由它们的自然生态性来定义的。然而，在很多奇幻作品的世界中，生态这个概念被处理得有些表面化。

最常见的生态不一致现象之一就是超级掠食者出现得太频繁，也就是说，占主导食物链的那些掠食者，例如狮子、老虎或鲨鱼的数量过多。根据不少科学家的说法，人也包括在这些超级掠食者的行列，而且到目前为止，前面所提到的许多超自然生物的构想也都是作为超级掠食者的化身。从某种意义上说，这种庞大群体的存在从叙事的层面来看是可以理解的，因为这样的生物可以给人以实质性的威胁，使故事的主人公[1]陷入困境。毫无疑问，多种多样的超级掠食者是许多电子游戏的经典配置，因为它们可以不断地对玩家造成挑战：《魔兽世界》的各个区域都充斥着危险和具有攻击性的生物，其数量远远超过它们的猎物。在《龙的教条》或《塞

[1] 一个假想的超级捕掠食者的特殊案例就是吸血鬼。人们从科学的角度对它进行了大量的研究，我也将在第四章中对它进行更详细的说明。

尔达传说》系列的某些游戏中也是同样的情况，但在《天际》中却没有如此。与《上古卷轴》系列中的其他游戏不同，《天际》中掠食者与猎物的数量似乎更加平衡。

在众多奇幻作品中，描述得比较好、比较贴近生态科学的例子是《万智牌》中鞑契熊种群的骤减。鞑契是集换式卡牌游戏万智牌中的一个背景时空：曾经有许多巨龙聚集在这里，但后来都被捕杀殆尽。时空旅行者萨坎沃为了拯救鹏洛客灵龙乌金的性命而让时光倒流，由此引发了一系列阻止龙灭绝的事件，于是这些龙在新的现世中变成了鞑契时空无可争议的超级掠食者。这种变化就体现在龙痕熊卡的说明中，该卡是在2015年出版的《鞑契龙王》扩展版的一部分，背景设定在萨坎沃将时光倒流之后。就是从这里，我们得知熊是传说中巨龙阿塔卡最喜欢的食物之一，因此，龙这种超级掠食者的增加引发了熊种群的数量的急剧下降。

奇幻作品中的生态概念也曾经遭遇过失败的教训。“我们花了三年的时间开发出了一些出色的功能，当游戏启动时，这些功能被玩家摧毁了。”理查德·加里奥特在美国科技（Ars Technica）的博客视频中这样说道。加里奥特是一名视频游戏开发商，1995年，他担任游戏《创世纪》的制作人，这个游戏使得MMORPG（大型多人在线角色扮演游戏[1]，即同时有大量玩家在线参与的视频游戏）家喻户晓。加里奥特与他的合作者一起创建了一些自动系统来生成连续的游戏元素，从而使虚拟世界在与玩家互动时仍保持丰富性和动态性。其中的

[1] 加里奥特提出的游戏类型术语。

一个系统是与生态有关的，也就是与资源的可获得性以及捕食者与猎物之间的关系相关联，因此它可以调节植被的生长和草食动物的分布之间的平衡，以及草食动物和食肉动物的数量之间的平衡。但是事情并没有按照预想的计划进行。在游戏启动后，玩家便开始屠杀屏幕上出现的任何动物，无论其毛皮的价值如何，游戏变成一场真正的大屠杀。后来，开发人员试图以不同的方式加以遏制，但是经过几个月的尝试，他们不得不承认失败，从游戏中淘汰了该系统。显然，后来的《创世纪》的玩家们都没有意识到这个系统的存在。

这就是毫无顾忌、不计后果地引进超级掠食者（如巨龙或成群的玩家）的情况。当《冰与火之歌》中的坦格利安将龙从埃索斯带到维斯特洛大陆时，一定发生了类似的事情，只是在本书中不需要进行时间旅行。然而不幸的是，马丁专注于这一事件导致的政治影响和军事影响，而没有考虑到他把龙带到一个没有龙参与进化的生态系统的后果。

很清楚的是，这也没什么不好。其实当我们玩《万智牌》的时候，我们很少会想到捕食者与猎物之间的关系。但是，诸如鞑契熊和龙之间的生态关系这样的细节其实是在向我们传达一种理念：世界不是静止的，它处在不断地变化和进化之中。即使是在这样一个由最荒谬的生物组成的虚拟世界里，我们也可以感受到和真实世界一样的变化。与此同时，如果马丁不告诉我们维斯特洛的生态在巨龙到来之后会发生什么变化，那也没有关系；但是如果他这样做了，那么他就给这个笔下的虚构世界带来了更多的真实感。

✡ 迷失的世界

捕食者与猎物的关系是为调节生态系统而存在的众多动力之一。在一个虚构的世界中，生态系统不是主角冒险的简单背景，它体现出使这个世界与众不同的独特之处，包括与真实世界相区别的地方。正是归功于这些环境的特征，作家、导演、设计师或游戏开发人员才能够在叙述过程中营造出一种难以置信却又悬而未决的感觉。这种感觉至关重要，它可以让人们完全沉浸在虚构的世界之中。

此外，在奇幻世界的各种环境中，自然环境是非常重要的。一方面，它可以表现出不少世界在工业化之前的状况，因而荒野和未开发的自然景象比城市和村庄出现得更加频繁；另一方面，自然环境中的某些地点具有着强烈的象征意义[1]。

“在我写前几部小说的时候，是以浮岛大陆为背景的。我是从人物角色开始构思的，然后再创建场景，这实际上是相当模式化和简单的，只要从地图上找到它就可以了。对于我来说，这个世界对我想讲的故事来说是功能性的，并且与角色相比是次要的”莉西亚·特洛伊斯这样告诉我，她不仅是一位成功的奇幻作家，著有《浮岛传奇》《纳希拉王国》

[1] 你们可以想象一下，像魔法森林这样反复出现的自然环境的原型，其实是受到人类扩张威胁的大自然的化身，例如，在《指环王》中，幽暗密林的危险是由于索伦带着半兽人、狼人和巨型蜘蛛在多尔戈多驻扎时，引入了黑暗力量而造成的。而老林和法贡森林里的树人，用一种委婉的说法，也是对人形生物产生了一些不宽容的情绪。

《眼泪之域》等小说，而且还是一位天体物理学家。“现在我的方法已经改变，我觉得我现在更加擅长于构建虚拟世界，相比之前认为创建世界是次要的，现在的我甚至更加享受这个写作阶段。在最近创作的《纳希拉王国》《眼泪之域》中，我都是先创建场景，再插入主角和配角。甚至在《纳希拉王国》的某些段落，世界上发生的事情远比角色发生的事情重要得多。”

因此，对于特洛伊斯来说，这种对场景重要性的看法的转变是她作家生涯的一个重要阶段。出于好奇，我请她列举了一些例子。“我首先想到的是《眼泪之域》，它的环境背景是坐落在一个类似于欧洲的世界中，但大部分的地理环境是冰川。这种气候设定促使我研究了许多生态方面的知识，关于动植物的特征我就做了大约有六十页的笔记。气候和地理又反过来影响了这个世界里不同地区的居民，例如生活在最北部的最寒冷地区的人，他们具有提高体温的能力。另一个例子则与《纳希拉王国》有关。我之前的设想就是故事里面要有一个地下海洋，因此我必须注意领土的地理构造，包括如何布局从这个巨大水盆里流出和流入的河流以及与河流相连的湖泊等等。”

波兰作家安杰伊·萨普科夫斯基（奇幻小说《巫师》的作者，有三个电子游戏和一部电视连续剧都是改编自这部作品）在描述环境时也考虑到了生态学，但是他采用了不同的方法。

实际上，他构建的虚拟世界不是经典的中世纪的奇幻世界，或者更确切地说，他构建的世界是从建筑、社会和技术的角度出发的：城堡和封建领主、剑和弩、马车和农民以及惯常使用的魔法师、怪物和预言家。但是，其中也出现了一些不尽合理的地方。在阅读作品中的文字时，会遇到诸如恐怖主义或大规模杀伤性武器（中世纪不存在）等术语，还有谈论结肠和脾切除术[1]的医生以及对话中出现的非中世纪时期使用的句法和词汇，例如《精灵之血》中发生在怪物猎人里维娅·杰拉特和奥克福特学院自然历史学老师莱纳斯·皮特之间的对话。

他们在对话中激烈讨论的话题，是关于一种巨大而具有侵略性的甲壳类动物。据杰拉特说，它可能会攻击他们俩与其他乘客一起乘坐的这艘驳船。但是，莱纳斯认为该地区不可能存在此类生物。在对话中，两人提出了水的盐度和化学成分，提到了由于污染造成的物种数量的急剧下降，并谈到了生态位、生物群落和节肢动物。莱纳斯把这种怪物归类到海德科（Hydhydridae）[2]中，使用的是与现实世界的科学家所用的相同的科学命名法。而杰拉特在解释该物种是如何幸存下来的时候，说它是被人类引入的新的食物来源，并且已经发生突变，适应了被河流污染的水域环境。很显然，这不可能是两个住在类似中世纪的世界里的居民能说出的对话。

不管是萨普科夫斯基，还是特洛伊斯（尽管采用了不同的方法来构建奇幻生态，但在语言学领域和细节层面上都能

---

[1] 需要切除脾脏的手术。

[2] 这个动物科在现实中并不存在，在小说中提到的属于这一科的生物，其实是属于真实存在的甲壳纲动物（端足类）。奇怪的是，在意大利语中，“端足类”被描述为“具有多对附属肢的生物”，而在英文词语中没有提及肢的数量。

看到他们的努力），他们都有着相同的目标：利用科学向我们展示他们创造的奇幻世界不是静态的场景，而是持续发展的复杂系统。和我们现实中的世界一样，他们的世界也是充满了冲突和动态的。在这样一个生动而真实的世界里，人们会更加容易沉浸在文本中，自然而然地迷失其中。

第三章

关于进化的情节

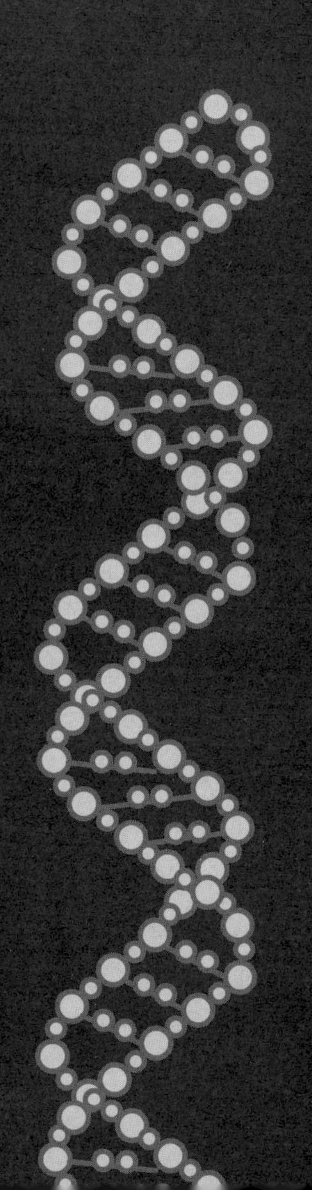

✡ 变异和选择

植物、动物和生态系统不是固定不变的实体：环境和气候的变化、迁徙、变异、地理隔离。适应和冲突是自然世界的常见现象。这些元素共同构成了生物学的关键过程之一——进化。

在上一章中，我提到了里维娅·杰拉特和莱纳斯·皮特之间的对话，他们在《精灵之血》中谈到了在一条河里面的某种危险的甲壳类动物。根据自然历史学者莱纳斯的说法，在那条河中不可能找到晏蜓属（或者是他又称之为赫菲德拉）的动物，因为它们已因环境污染和怪物猎人的捕杀而消灭殆尽。杰拉特反驳说表面上看起来晏蜓属似乎已经灭绝了，但实际上，它们只是发生了变异而已，并且突变后的晏蜓属已经适应了河流的污染水域，因而得以存活了下来。

变异是指 DNA 序列的永久性变化。这种变化可以有不同的类型，从简单的变化或某个基因组“字母”的丢失到整个染色体区域的重复或易位。变异的原因可能是由外部因素（例如暴露于辐射之下）或内部因素（例如 DNA 复制错误）引起的。生物配备有分子修复系统，可以消除部分变异但不能修复已发生的突变。只有生物体生殖细胞（卵子和精子）中发生的突变才能遗传给后代，但是其他称为体细胞的突变仍然可以影响个体的生活，只是不能遗传而已。

此外，许多突变可以阻止或改变一种或多种蛋白质的功能，对人体造成的损害可大可小，较轻的损害可以忽略不计，但严重的也可能致命。从卟啉症到囊性纤维化，有许多由遗传异常引起的疾病（还好它们都很罕见）。某些突变不会引起直接或即时的影响，因此被定义为中性突变，例如，这种突变可能导致组成某种酶的氨基酸成分被替换而不会改变其生物学功能；否则就可能会影响不编码任何蛋白质的 DNA 片段。据研究显示，大多数突变是中性或有害的，而真正引起遗传疾病的突变却很少。还有些突变是有利的，例如通过提高酶的效率，甚至是导致新蛋白质的合成，来增加个体在特定环境中存活的可能性。

需要注意的是，有利和有害不是绝对的概念，而是取决于环境。突变的 DNA 片段在某些情况下可能是中性的，在某些情况下是有利的，而在另一些情况下则有害。一种在高温下最有效的突变酶可能在极热的环境中非常有用，但在其他气候环境[1]中却没有作用。

有利的突变虽然很少见，但却是进化的基础，因为它们增加了种群的遗传变异性，而遗传变异性构成了之后自然选择干预的物质基础。因此，萨普科夫斯基描述的是进化的一个很好的例子：一方面，我们看到了为了生存而展开的斗争，另一方面，我们也看到某种变化的发生，这种变化使某些个体更适合在特定的环境中生存。由于河流污染和资源竞争而

[1] 镰状细胞病或地中海贫血是一种遗传性疾病，其特征在于血红蛋白合成的缺陷。血红蛋白是在红细胞中携带氧气的蛋白质，在某些条件下，血红蛋白的形状会呈现镰刀状。毫无疑问，这是一种负面影响，但也可能带来有利的后果：实际上，镰状红细胞不容易受到引起疟疾的寄生虫的攻击。

产生的选择性压力使得只有具备这种特定突变的晏蜓属才能觅食、生存和繁殖，而其他未突变的晏蜓属只能死亡。

在《巫师》的传奇故事中，基因突变也是刻画巫师以及像主角杰拉特这样的怪物猎人的人物特征的核心要素。实际上，正是突变使得这些巫师获得了与众不同的生理和心理能力：与人类相比，他们行动速度更快，洞察力更敏锐，受伤后恢复更快，老得也更慢。要达成巫师所需要的突变并不是随机的，而是通过草药祭礼[1]的训练，摄入不同的诱变物质，在进行训练的过程中逐渐诱发的。

这些突变最有可能是体细胞突变，但是即使其中有一些发生在生殖细胞中，也不会被遗传，因为草药祭礼的副作用之一是不育。这就是我们没有谈到关于巫师进化的原因，不能生孩子，就意味着他们不能像晏蜓属那样传递属于自己的特质。

✡ 霍格沃茨和王位继承中的门德尔定律

遗传在进化中的重要性，这一点达尔文也很清楚。他在19世纪中叶试图用泛生论的假说来解释其机理，但是他的表亲弗朗西斯·高尔顿否定了这一观点。达尔文提出这个解说时，

[1] 这些突变是如何被发现的呢？可以合理地假设，这些突变最初是自发出现的，随后，一旦确定了它们的有效性，就开始对其进行了长时间的研究，找出诱发这些突变的物质。

他还不知道三年前，一位名叫格雷戈尔·门德尔的奥古斯丁僧侣已经向布尔诺自然历史学会介绍了他的研究结果。他在那次研究中证明了豌豆植物某些性状的遗传遵循简单的统计规则。然而，门德尔的研究三十多年都无人问津，直到20世纪初才被重视。遗传学由此诞生了，并于20世纪40年代与达尔文的理论，还有大量的数学和古生物学研究结合在一起，产生了现代综合或新达尔文主义，构成了当代进化论的基础。

门德尔通过在不同品种的豌豆之间进行杂交，观察到遗传决定性特征的存在（在1865年，人类对基因还一无所知），它决定了性状的遗传，例如豆荚的颜色和形状、花朵的位置和草茎的长度。两种不同的豌豆的同一形状可以具有两种形态，这是由于相对“基因”也存在两种，我们现在将其称为等位基因。每个植物都有两对等位基因。配子，即结合在一起以产生胚胎的细胞，仅携带一个等位基因，因此从杂交获得的新个体将从每个亲本植物那里继承一个等位基因。如果两个等位基因是相同的（纯合性），那么相应的性状将具有该等位基因控制的形态，但是如果两个等位基因是不同的（杂合性），将仅表现出两种形态中的一种。控制着这种性状的等位基因称为显性基因，而只能在纯合性情况下显现的等位基因称为隐性基因。例如，控制豆荚呈绿色的等位基因就是显性基因（A），而控制呈黄色的等位基因则是隐性基因（a），因此，所有AA和Aa的植株将具有绿色的豆荚，而aa植物都将具有黄色的豆荚。门德尔的研究不仅仅限于此，今天我们知道大多数表型受多种基因调控，因此遵循更复杂的遗传规则。但是，这些基本知识足以谈论哈利·波特还有劳勃·拜拉席恩的那些孩子了。

2005年8月，《自然》杂志上刊登了一篇题为《哈利·波特与隐性等位基因》的文章，其中三位澳大利亚遗传学家建议用这个戴着眼镜的年轻巫师的例子来解释我刚才向你们描述的遗传概念。根据科学家们的说法，实际上，区分魔法师和麻瓜的魔法天赋是根据门德尔机制进行遗传的。魔法师的等位基因是隐性基因a，而麻瓜的等位基因是显性基因A。因此，只有一个纯合子才能施放咒语。对于哈利、罗恩和德拉科来说，他们的魔法天赋很容易推断，因为他们的父母双方都是魔法师。但是，并非每个人都是那样。西莫斯·芬尼根的母亲是爱尔兰女巫aa，而父亲是麻瓜，生的儿子是魔法师aa，那么他自己肯定是一个杂合子Aa。还有，霍格沃茨的看门人阿格斯·菲尔奇的父母都是魔法师，但他自己是个麻瓜，据三位遗传学家说，这可以用突变来解释。

一个月之后，《自然》又发表了另一篇文章。标题是《哈利·波特与猜想囚犯》，署名是质疑澳大利亚专家结论的三位剑桥大学的医生和生物学家。这些英国学者援引了赫敏·格兰杰的案例，认为魔法是一种单基因和隐性基因的性状的观点是没有证据支撑的。才华横溢的女魔法师赫敏就有属于麻瓜的父母，因此，按照澳大利亚专家的结论，他们必须都是杂合性Aa，才能生出能够施展咒语的女儿。但是，在他们家庭的历史上，并没有魔法师的踪影，因此她的父母只能是AA。那么他们是如何得到一个aa的女儿的呢？根据杜克大学生物学教授埃里克·斯帕纳的说法，真正推翻隐性魔法等位基因假说的另一个案例是：女巨人和魔法师之子鲁布斯·海格（女巨人家族好几代都没有魔法技能）。如果魔法的等位基因是隐性的，那么海格只能从父亲那里得到一个魔法基因 a，那他就无法施法。斯帕纳总结说，因此魔法基因是一个显性性状。在这种情况下，赫敏的魔法才能归因于突变，这种突变将隐性等位基因变成了显性等位基因。

如果说“哈利·波特”系列的遗传学是对罗琳作品充满热情的科学家们推测的结果，那么《冰与火之歌》里面的遗传学则是支撑情节的关键要素。

劳勃·拜拉席恩登上维斯特洛的宝座，并与瑟曦·兰尼斯特结婚，生下三个孩子。在劳勃死后，长子乔佛里继承了王位。然而，某些事情似乎不合乎逻辑：在查阅了记录着历史和贵族家族成员的档案后，劳勃的好朋友艾德·史塔克发现，历史上拜拉席恩家族成员的头发都是深色的，而兰尼斯特家族则都是金发。最重要的是，据史册中的记录，拜拉席恩家族和兰尼斯特家族之间结合生出来的孩子也总是一头深色头发。因此，深色头发是显性性状，而金色头发是隐性性状。与萨普科夫斯基的世界不同，在乔治·R.R. 马丁创造的世界中，没人知道遗传学是什么，但是你们不需要知道遗传学就可以明白，劳勃的孩子也应该全是深色头发。而事实却相反，他们的头发和他们的母亲还有母亲的双胞胎兄弟詹姆一样，都是金色的。因此，艾德最后说，坐在宝座上的不是他朋友的合法继承人。他是对的，以至于在发现这一事情后不久，乔佛里就将他斩首了。

在这一点上，我也可以非常严谨地指出，实际上，头发的颜色不是受单个基因及其等位基因的变体来调节的，而是一种多基因性状，其遗传表现太复杂，无法只通过门德尔的遗传定律来解释。但这不是重点，重要的问题是作家在存在着龙、冰原狼和预言的中世纪世界中，使用了门德尔定律作为故事情节推进的纽带。

✡ 拉马克式兽人

在《中土科学》中，古生物学家亨利·吉试图重建一个复杂的主题，例如兽人的起源，关于这一点托尔金不止一次地改变了主意。也就是说，在托尔金的著作里，出现了关于这些生物起源的多种解释：有说它们是由泥和石头制成的，也有说它们是有能力有意识的野兽，还有说它们是精灵或人（或两者的结合体）被邪恶折磨和黑化后形成的。下面我们先来谈谈最后一种解释。光靠黑化是不足以解释莫高斯和他之后的索伦是如何将如此庞大的军队聚集在一起的。很明显，他们并没有黑化同等数量的精灵和人类，因此第一批兽人的诞生应该是精灵和人类彼此之间交配的结果。那么精灵或人类交配没有产生精灵和人，而是诞生了兽人，这意味着黑化其实是后天获得的性状，然后传递给了后代。

在生物学中，当一个性状未在DNA中编码，但由于外部原因（事故、环境变化、疾病）或内部原因（训练、不使用）而被修改时，则认为该性状是已获得的性状。例如，退伍军人的肌肉和身体耐力是在后天的军事训练以及他经历多次受伤后获得的性状。这些特征是不可遗传的，退伍军人的孩子出生时不会有父亲那样的脾气秉性，当然也不会继承他们的伤疤。但是，莫高斯的黑暗势力怎么可能传给那些不幸的精灵和人类的后代呢？根据亨利·吉的观点，这种解释是基于这样一个事实，即中土世界的进化是按照拉马克机制运行的。

19 世纪初，法国博物学家让－巴蒂斯特·拉马克率先提出了基于两个主要概念的系统进化理论。第一个概念是，由于某种内在的生命冲动，生物体能够以某种方式对外部环境的变化做出积极的反应。第二个概念是，这种冲动导致了可以遗传给后代的新特征的形成。最著名的例子是长颈鹿，它们努力够到树上最高的叶子，使脖子变得越来越长，越来越强壮，然后将这一新的有利的特征传给了它们的后代。根据拉马克的说法，允许个体适应周围环境的生命力也是推动物种随着时间的流逝朝着线性等级制的顶端发展，变得更加复杂的动力。

1809 年，拉马克在他的专著《动物学哲学》中重新提出自己的理论。五十年后，拉马克的理论大部分都被查尔斯·达尔文的理论所超越，达尔文提出了诸如从共同祖先的传承、适者生存以及进化不是线性的而是分支的等观念。今天，我们知道，一个性状要被遗传，必须在个人的 DNA 中进行编码，并通过配子将其传给后代。但是在托尔金开始构思他的虚构神话作品的年代，拉马克的理论仍然很受青睐。而达尔文的理论在 20 世纪初期的反响还不是很好，没有拉马克的理论受欢迎。因此，关于中土世界的拉马克式进化的想法可能是有道理的。

作为进一步证明其假设的证据，亨利·吉列举了《指环王》

中咕噜的情况：他在获得“至尊魔戒”之前是一个名叫史麦戈的霍比特人，但在强大的至尊魔戒的影响下生活了五个多世纪之后，他长出了像猫一样闪着光的眼睛，在光线弱的条件下也能看清楚。根据亨利·吉的说法，这种性状就是获得性状的一个很好的例子，就像长颈鹿的细长脖子一样。因此，这也是按照拉马克机制进化而来的。但是，这个性状是否有继承性[1]尚未可知，因此咕噜的例子也无法帮助我们了解在中土世界到底发生了什么样的进化。

该案例没有得到解决，并且不仅是在托尔金主义的宇宙中没有得到解决。

✡ 表观遗传学和进化僵尸

还有很多其他角色的例子，这些角色获得能力，发展特殊技能，订下契约或遭受诅咒，然后将这些获得的特征传给后代。

例如，1994年，《龙与地下城》中推出的人形种族泰夫林，是恶魔的超自然产物。从游戏的第四版开始，他们就被描述为与外部黑暗力量达成协议的人类后代。通过这种方式，他们从外部获得了一些身体力量和身体特征，例如角、尾巴或

[1] 除非托尔金向我们隐瞒了关于咕噜的性生活的事情。如果是这样的话，我会很感激他。

红色的皮肤。这些力量和特征都是获得性状进行遗传的案例。对于那些从与龙达成交易的祖先那里继承魔法才能的巫师来说，情况也是如此，而那些操纵野生魔法的魔法师也可能会在接触原始魔法的源头或受到超自然生物干预的时候获得这种才能。

其他的案例包括：《崇高》游戏中的地球崇高者是已经获得了元素龙力量的人类，并且他们可以将力量传递给他们的后代，使他们的后代也有很大的概率成为崇高者；泰山的儿子从泰山那里继承了许多特征，包括他过去在丛林的生活中所逐渐发展起来的理解动物的能力；在荒木飞吕彦的漫画作品《JoJo的奇妙冒险》中，并不是每个人都具备必要的意志和训练来学习如何使用波纹气功的强大能量，但是，那些学会控制它们的人，至少可以将这种能力传给后代；合金术是布兰登·桑德森的《迷雾之子》系列传奇中的三个魔法系统之一，指的是使用少量金属来提供一些体力和智力的能力。这种能力是具有遗传性的，但是在最早的熔金术士里面，有一位熔金术士就是通过摄取特定的金属来获得这种能力的。

难道所有的情况都是拉马克主义的案例吗？

也不全是。

后天获得的特征可以通过诸如表观遗传的方式传递给后代。表观遗传就是在不改变DNA编码的情况下影响DNA活动的过程的总和，并且这些过程在某些情况下可以传递给后代。表观遗传主要在一些植物和某些动物（例如线虫）的研究中有记载，但是也出现过关于小鼠和鸟类的研究。这种现象对人类的影响尚不清楚，这种遗传性传播即使在很长的进

在没有明显证据表明一个或多个神灵介入的世界中（例如马丁、罗琳和萨普科夫斯基的世界），进化似乎还有更多的空间。

化时间内也无法发挥作用。无论如何，这是一个已经流行了几年的话题，可能会对生物学的许多领域产生影响。该领域的研究使拉马克主义重新流行起来。纽约城市学院哲学教授马西莫·皮格鲁奇拥有生物学和遗传学的双博士学位，对进化论有着深入的了解。他在自己的博客“柏拉图的脚注”上，将拉马克主义定义为“进化生物学的僵尸：无论人们以为已经消灭了它多少次，它都会不断回归并造成伤害”。

实际上，拉马克理论经常被提出作为达尔文理论的替代，但事实并非如此。首先，后天获得性状的继承只是拉马克理论的一部分，甚至不是最重要的。其次，正如皮格鲁奇解释的那样，对拉马克主义学的现代（和还原性）解释和表观遗传学之间的类比只是肤浅的。获得性状的表观遗传发生与基因遗传的基本机制相同：在这种情况下，传递的不是基因组的突变，而是表观基因组的突变，即DNA结构上（不是代码上）的变化总和。

为了更好地说明这种机制，没有比《龙珠》里面的角色转变为超级赛亚人更好的例子了。这种变化极大地提高了变身者的战斗水平，而且只有极少数赛亚人（在物理上与人类非常相似的外星生物）才能变身为超级赛亚人。悟空和贝吉塔就属于这里的极少数赛亚人，悟空的儿子悟饭和悟天以及贝吉塔的儿子特兰克斯也在这个范围里面。但有一个区别：悟天在六岁时就能够变身成超级赛亚人，而特兰克斯是在七岁时，并且两个人都不需要像贝吉塔那样经过极端的训练或像悟空一样通过强烈的愤怒刺激就可以做到。这怎么可能呢？为什么悟饭就不能直接变身，还需通过训练才行？

科学老师和动漫爱好者克里斯·梅哈格试图在《动漫科学 101》中回答这些问题：转变成超级赛亚人的必要条件是刻苦训练或强烈的愤怒刺激，而这两者都可能导致一些基因被激活，而其他的基因则失活。这些不是遗传密码的改变，而是生物体使用它的方式发生了改变。这种改变的发生是由于各种表观遗传现象。正如我们之前所看到的，这些改变是可以遗传给后代的。因此，后代直接就可以发出激活哪些基因以及关闭哪些基因以转化自身的指令。那么，为什么悟天的哥哥悟饭没有同样的能力呢？因为当他出生时，他父亲还没有变身成超级赛亚人，因此还没有引发相关的表观遗传学变化。

这是一个很好的解释。遗憾的是，梅哈格引用了拉马克主义，而正如我们已经看到的那样，在达尔文进化论的背景下，这种获得性特征的遗传机制是可以解释的，完全没必要再把“进化生物学的僵尸”这一说法搬出来。

✡ 启发式研究和神

了解进化的概念并不容易。除了它是一个极其复杂的现象外，它的许多机制似乎都是违反直觉的，而且常常被误解（也是由于意识形态上的偏见）。

一些学者认为，这是有确切原因的：我们的大脑通过发展一系列称为启发法的思维捷径而进化，这使我们能够面对不同的情况，例如即使在我们掌握的信息不完整的情况下，也可以通过判断或决策来应对。启发式研究的方法之一就是倾向于将自然事件和现象解释为有意的目的和设计的结果：我们的大脑总是喜欢相信如果发生了某件事情，那是因为某人或某种力量想要它发生。好吧，正是由于进化而获得的这种能力才使进化本身成为一个难以理解的概念。

达尔文的理论及其最新版本的新达尔文主义，可以解释进化而无须诉诸超自然因素的干预（超自然因素是否存在是一个无法进行科学调查的信仰问题）。然而，在奇幻作品中，超自然现象是个常客，正如《无耻混蛋》中奥尔多·雷恩所说："它会使马变颜色。"实际上，在许多奇幻世界中，一个或多个神的存在是确认的、可以证实的，并且神在塑造自然世界中的作用与启发式研究无关，而只是对客观事实的简单确认。

绝非偶然的是，在没有明显证据表明一个或多个神灵介入的世界中（例如马丁、罗琳和萨普科夫斯基的世界），进化似乎还有更多的空间。例如，萨普科夫斯基就喜欢在进化与创造之间进行对比：他的精灵们相信自己是直接被创造出来的，没有经过进化的过程，与人类所鄙视的祖先为动物的原始野蛮人不同。

从这个意义上说，真正的大师是特里·普拉切特，他是幽默奇幻作家中无可争议的佼佼者，也是科学的热爱者。他在许多小说中都加入了科学元素，并且与生物学家杰克·科恩和数学家伊恩·斯图尔特共同撰写了"碟形世界的科学"系列。该系列一共有四本书，用通俗易懂的故事讲述了碟形世界的魔法师无意间创造我们的地球的故事。他们被这个没有魔法的世界迷住了，并开始研究它。作品中穿插着两个部分的情节：一部分讲述着发生在“碟形世界”的故事，而另一部分则是，科恩和斯图尔特从魔法师找到的怪人开始，对这个世界的科学知识进行“科普”。

在该系列的第三本书《达尔文的守望》（尚未在意大利出版）中，查尔斯·达尔文发现自己正在与进化之神交谈。进化之神是一位非常独特的神，尽管没有人相信他的存在，他却仍然生存了下来。他专门在不了解性别和生殖的情况下重构或者修改生物，试图改进它们。这次会谈是由审计师精心安排的。审计师是使世界的自然法则起作用的宇宙官僚，但他厌恶生命，觉得生命混乱且不可预测，他安排这次会谈就是想要破坏地球的未来。最初他的计划是成功的，因为在与进化之神聊天之后，达尔文写下了物种神学，改变了地球的未来并造成了许多问题。“碟形世界”的魔法师随后进行干预，帮助达尔文忘记了这个奇怪的进化之神给出的荒谬建议。那是从要给世间万物加轮子这种馊主意开始的一连串的荒谬建议。

没错，轮子。从进化的角度来看，这是一个很好的问题。

在自然界中，没有和轮子类似的生物体。有一些动物最多可以说是能够滚动，但是没有生物能够和《奥兹玛公主》（《奇妙的奥兹男巫》的续集）中的滴答人一样，自出生以来就用角蛋白制成的轮子代替了手脚。唯一例外的生物体可能就是鞭毛，某些细菌[1]（例如众所周知的大肠杆菌）就有鞭毛。一些研究人员发现，实际上，鞭毛的旋转就像一种长螺旋，它的

[1] 还有其他具备鞭毛的单细胞生物，但是它们没有相同的旋转分子马达。

驱动主要依靠其底部插入细胞膜中产生的复杂旋转分子马达。穿过膜的质子流使得圆柱蛋白处于不断移动中，不断移动的圆柱形蛋白质就可以产生分子马达，从而驱动鞭毛的旋转。

正如古生物学家和进化论者史蒂芬·杰伊·古尔德在论文《没有轮子的王国》中所解释的那样，这种结构只能在很小的范围内起作用，质子和养分只能通过简单的扩散来传输。另一方面，像滴答人那样的轮子是无法同鞭毛那样在其轴上自由转动的，因为它会受到提供所有动物关节的各种血管、神经、肌肉和结缔组织的阻碍，因此实际上只能在有限的自由度内进行运动。

此外，古尔德指出，进化的发生是对现有东西的利用。它不是一个优秀的设计师，而更像是一个修补匠，一个白铁匠[1]，通过修理已有的零件来修复物件。就目前已知的进化过程，是可以通过回收和再利用其他生物元素来形成动物体的轮子的。但是，在鞭毛的情况下，用来重新组装的零件是存在的：它们是一些具有某些功能的蛋白质（例如将物质分泌或注射到其他细胞中的功能），但是被“招募”过来做其他事情[2]。这种进化过程称为拓展适应。

《黑暗物质》三部曲（里面没有神，也没有强大的宗教机构）的作者菲利普·普尔曼，从滴答人的形象中汲取灵感，运用极高的生物学优雅性规避了滴答人形象中令人难以置信

[1] 你们听过“妇女，磨刀器到了”这句话？是的，就是那个。

[2] 显然，进化论在这里是行不通的，因为它不是智能的，所以它无法修复，也不会招募新成员。在这里，我们语言的局限性开始发挥作用，与我前面提到的启发式方法有关。

的部分。在三部曲的第二本小说《琥珀望远镜》中，普尔曼介绍了一种外观与大象十分相似的动物穆勒法。该生物能够以一种特殊的方式来利用他们腿部长出的马刺。在穆勒法的世界中，有一种特殊的巨型植物，它的种子是被包裹在碟形豆荚之中的。由于这种豆荚有着非常坚固的外壳，因此可以牢牢地将所有的种子都固定在里面。穆勒法就是将这种植物的圆形种子当作轮子，装在腿部的马刺上，然后在古代熔岩流冷凝后自然形成的道路上快速移动。虽然豆荚的外壳非常坚固，但在使用过程中还是会磨损，里面种子也会随之散落出来。因此，穆勒法对这种轮子的使用对于植物本身也是有好处的，因为它可以帮助植物在更大范围内播撒自己的种子。考虑到在普尔曼世界中没有神灵的事实，这种相互作用很容易解释为进化过程的结果：自然选择奖励了这种具有坚硬圆形种子的植物，因为它的种子非常适合用作轮子，而穆勒法腿部的马刺也非常适合来利用这个自然工具[1]。

因此，在幻想世界中找到进化的例子并非不可能。只是在没有明确存在造物神的世界里，会更容易找到而已；但在某些由上层实体创造的世界中（例如托尔金的世界里）也是会发生进化的。然而，大多数由神创造的世界中，生物就是直接被创造出来的样子，进化通常是不存在的，即使有也是被减少到最低限度[2]的。这里的进化不仅仅是生物学上的，还

[1] 著名的科普学家和进化专家理查德·道金斯在他的《上帝错觉》一书中引用了这个例子。

[2] 有一些例外的案例也值得注意，包括麦克斯·格拉德斯通的“工艺序列”系列小说，我将在接下来的几章中进行讨论。

有文化方面的：这些神创造的世界似乎都是在漫长的中世纪形成的，中世纪的社会和技术在其中也保持了数千年。例如，史蒂文·埃里克森的《玛拉兹英灵录》，克莱夫·斯台普斯·刘易斯的《纳尼亚传奇》或大卫·格梅尔的《德雷奈》，这些作品中的世界就是如此。还有一些奇幻作品，例如安妮·麦卡弗里的《帕恩行星的龙骑士》或布兰登·桑德森的《迷雾之子》，在这几部作品所创造的世界中，这种停滞不变的状态至少在情节方面还是比较合理的。

第四章

超越生与死

INCANTO

✡ 永恒的奴隶

如果我们生活在幻想世界中，死亡可能不会是我们存在的终结。实际上，我们可能发现自己（不是出于自己的选择）成为了众多不死族中的一分子，他们被迫参战或永远守卫着一个黑暗而神秘的地方。在大多数情况下，我们不必担心，因为在我们几乎腐烂的尸体中不会留下自我意识的痕迹。但是，如果我们是由于受到诅咒而获得不死之身的，那么我们的境况一定非常糟糕[1]。

复活的尸体大军是奇幻小说的经典桥段，尤其是在史诗般的小说中。不同作品中，组成尸体大军的成员也各不相同。通常，这些军队似乎都是由骷髅组成的，手里拿着生锈的武器，身上穿着只剩下审美价值的盔甲，比如塔兰和黑神锅的故事、各种战争游戏和角色扮演游戏以及《魔戒英豪》中的艾许阴差阳错召唤出的“死亡大军”。在《冰与火之歌》中，压在边境上的大军是由古冢尸妖——一种缓慢而笨拙的生物组成的，它们的眼睛闪烁着令人不安的蓝光，但是在电视剧版本中，它们的行动速度加快了不少。《魔兽世界》中不死族的亡灵军主要是由食尸鬼（阿拉伯神话中以尸体为食的怪物）和受

[1] 例如，《魔戒》中山中之民的亡灵军队。他们曾向伊熙尔杜许下共同对抗索隆的誓言，毁约后，伊熙尔杜诅咒他们为背誓者，一直在德维莫伯格山中徘徊。直到数千年后，他们帮助伊熙尔杜的后裔阿拉贡击败了正在入侵南方刚铎的乌姆巴尔的海盗，终于得到了释放。同样的命运也发生在《加勒比海盗》中的很多亡灵身上，只是没有《魔戒》那样史诗般的高尚。

到特别召唤的战士骷髅组成的。

这些不同类别的亡灵有什么共同点？首先，他们的个头都很大，他们中的大多数天生就注定要在战场上碾压敌人，也最终要被英雄屠杀。最重要的是，他们是没有意志的奴隶。奴隶制是僵尸由来的核心因素。

17世纪的圣多明各，也就是今天的海地，是新大陆中法国最重要的财产，被称为“安的列斯群岛的珍珠”。这片土地的大部分区域都遍布着甘蔗种植园。18世纪末，近五十万非洲奴隶在那里工作。这些奴隶把伏都教带到了那里。根据伏都教的教义，人死后会返回非洲，获得自由。只要海地伏都教的死神、死亡国度的摆渡人、墓地男爵巴隆·撒麦迪没什么意见，但如果死者生前以某种方式得罪了他，男爵就不会带他回“languinée”（伏都教中非洲的名字），而是将他变成一个僵尸，悬在生与死之间，成为永恒的奴隶。这种恐惧似乎被奴隶主、奴隶制度维护者（有时自己本身也是奴隶）以及一些伏都教士利用来控制奴隶的自杀率（海地的奴隶的自杀率很高）。

经过一系列的起义之后，该岛于1804年脱离法国获得独立，但是担心会重返奴隶制的恐惧仍然笼罩在人们心里，并集中体现在致力于黑魔法的伏都教巫师博科身上。在民间传说中，这个巫师能够制造出僵尸，并将其变成奴隶。根据民族植物学家和人类学家埃德蒙·韦德·戴维斯的说法，这个传说具有科学依据，克拉维乌斯·纳西斯的案例就是证明。

纳西斯于1962年5月2日在海地一家医院被医生宣布死亡。他两天前因为咳嗽、咯血、身体战栗并患有各种呼吸系统疾病被送到医院。意外的是，十八年后，纳西斯再次出现在家乡的村庄，声称自己已被巫师改造成僵尸，然后巫师强迫他和像他一样的僵尸们一起在制糖场工作。追踪此案的调查人员认为，他可能被使用了某种能够诱发明显死亡状态的药物，然后再被巫师“复活”。调查人员求助了戴维斯，后者收集了五种僵尸药水配方，对其进行了分析，发现它们都含有不同有毒动物的部分：蠕虫、青蛙、蟾蜍，尤其是河豚，其中含有的河豚毒素是一种具有致命性的氰化物神经毒素，这种毒素会阻止神经脉冲的传递并麻痹呼吸肌。根据戴维斯的说法，这种毒药以低剂量摄入，所产生的症状与纳西斯去医院时的发病症状相似，因此就解释了他假死状态的由来。戴维斯鉴定出的其他物质和可能在活埋时发生的由于缺氧而导致的脑部伤害，以及巫师把受害者挖出来时给他服用的致幻剂，这些也都解释了纳西斯在丧尸生活期间处于精神深度错乱状态的原因。

虽然这个故事很有趣，但是其可信度存疑。戴维斯的结论引起了许多专家的批评：首先，僵尸药水中的河豚毒素含量微不足道；其次，该毒素的实际效果与纳西斯的情况大不相同。最后；戴维斯用来检验的药水配方是由不可靠的人提供的。关于僵尸科学起源的争议并没有削弱这个传说的核心要素——奴隶制的重要性。奴隶制的前提是存在一个奴隶主。

✡ 招魂，复活

招魂术这个词起源于古罗马时期，指的是与死者交谈、接触他的灵魂或使他的身体复活的做法。例如，尤利西斯就曾经这么做过：他按照喀耳刻女神教给他的招魂仪式，唤起了先知提尔西亚斯、他的母亲以及在战争中牺牲的同伴们的亡灵。在中世纪的欧洲，招魂术与阿拉伯星体魔法、恶魔学和基督教驱魔仪式结合在一起。死灵法师不再局限于与死者交谈，还可以制造幻象和召唤恶魔，让它替自己执行各种任务。招魂术后来又受到神秘主义和异教徒的腐蚀，被罗马教会谴责，从专注于死亡知识的学科变成了黑魔法。

但是，在其他文化中，召唤亡灵的方法则有所不同。

在伊斯兰世界中，活人从死者那里获得信息的唯一途径是通过托梦，但是这种情况也并不那么常见。鬼魂的发现归因于穆斯林神话中的超自然力量——灵怪，我们有时将其翻译为“精灵”，但他们并不总是像迪士尼动画《阿拉丁》里的精灵那样仁慈。有一种居住在墓地的灵怪，以尸体为食并且可以幻化成不同形态，常常被描绘成食尸鬼，并被许多作家在作品中定义为“不死生物”。

在东亚，人们普遍相信可以通过媒介或是在 8 月下旬庆祝的屋兰玛纳盂兰盆会的节日里，与已故祖先的灵魂进行交流。传说中也有一些能够使尸体复活的人，而且并非是出于邪恶目的：比如，死者死亡的地点离家乡非常遥远，死者的亲戚们无力将死者的遗体带回去埋葬，于是便向道士求助，请求道士唤醒死者，指示他回到家中。

对亡灵召唤者的负面看法居多，使得西方奇幻叙事作品中大量出现了死灵法师的身影：他们是一群邪恶且不道德的巫师，毫不迟疑地使用尸体和偷灵来达成自己的目标。索伦是托尔金世界的黑暗之王，也是这一类巫师的完美代表。没错，他用的军团不是骷髅，他更喜欢用兽人给他做炮灰，但是他也奴役了九名纳兹古尔。这些纳兹古尔，根据他们的特征，也可以被定义为亡灵；并且他们的首领安格玛巫王就是一个死灵法师，负责制造坟冢里的幽灵。

知识、雄心和力量是驱使许多魔法师和学者走向招魂术的动力。例如，在乔纳森·格林撰写的以战锤世界为背景的小说《死灵法师》中，主角迪特·海德里希就是这种情况。年轻的迪特想要成为一名医生，但是在一系列不幸的事件之后，他遇到了死灵法师德拉库斯博士，被德拉库斯的言语所吸引，最终杀死了他的两个朋友，将其中一个变成了不死生物，并就此开始堕入邪恶的深渊。

说起死灵法师，就不得不提到克拉克·阿什顿·史密斯，他与霍华德·菲利普斯·洛夫克拉夫特和“柯南”之父罗伯特·埃尔文·霍华德，并称为 20 世纪 20 年代怪奇小说三巨头。在史密斯创造的世界中，有一个叫佐蒂克的地方（在遥远的未来，这是地球上最后一块大陆）。在那里，招魂术则是一门广泛的学科，也是一门神秘的科学，没能掌握招魂术的人很容易受到招魂术的反噬。特别是，史密斯和洛夫克拉夫特将不死巫师的概念与巫妖这个词联系在一起。在古英语中，巫妖的意思就是“死尸”，这启发了作家加德纳·福克斯创造了阿夫戈尔康这一角色。之后，这个作家又启发了《龙与地下城》的开发者之一加里·吉加克斯，后者于 1975 年在游戏中加入了巫妖的角色，将巫妖设定为一个强大的施法者，可以将自己的灵魂隔离在一个附魔的物体中，在成为不死亡灵[1]的同时，仍保留其智力和魔法能力。

巫妖迅速成为奇幻作品中最受欢迎的亡灵生物之一，以至于连“哈利·波特”中的伏地魔（可以将自己的灵魂分解成为“魂器”）也属于巫妖的一种。它的名声甚至影响了天文学：2015年，国际天文学联合会决定让公众参与选择2008年之前发现的二十个行星系统的名称。其中一个系统由恒星PSR 1257 + 12、行星PSR 1257 + 12 a、行星PSR 1257 + 12 b和行星PSR 1257 + 12 c组成。由意大利苏蒂罗尔天文馆提议的恒星的新名称就是巫妖，而这三颗行星分别被称为“Draugr”（尸鬼，北欧神话中的亡灵）、“Poltergeist”（促狭鬼，乱扔东西并发出怪声的经典幽灵）和“Phobetor”（福柏托尔，希腊神话中的噩梦神灵）。

随着时间的流逝，奇幻世界里的死灵法师的角色发生了演变，在某些作品里甚至失去了它的反派性质，加入了一些科学元素。例如“死人”，格伦·库克奇幻黑色系列小说“神探加勒特”中的助手；还有贝诺巫妖，《龙与地下城》中保护自己氏族的不死精灵以及《碟形世界》里的死神学徒（但是请不要称他们为死灵法师）。

毕竟，招魂术是一门以复杂公式为基础的学科，可以通过研究古代书籍来学习，其中最著名的教材无疑是洛夫克拉夫特创作的《死灵之书》。

[1] 那么，多里安·格雷让自己的画像代替自己变老，他是不是巫妖呢？关于这个问题的结论还有待讨论。

✡ 传播瘟疫者、研究员和律师

天灾军团是《魔兽世界》中不死族的主要派系之一，由燃烧军团的恶魔创建，为他们入侵艾泽拉斯世界铺平了道路。它的首领巫妖王耐奥祖在联盟堕落的法师克尔苏加德的帮助下向洛丹伦发出一种亡灵瘟疫。这种疾病使受感染者的生命能量枯竭，在被杀死的同时变成了腐烂的僵尸。这种瘟疫是专门针对人类（艾泽拉斯州数量最多的物种）而制造的，但同时它也感染了包括其他类人动物在内的多种生命形式，只是感染后的症状不同。这是一个非常有趣的话题，而且如果我们愿意这么认为的话，其实从科学的角度来看，它很有可能是合理的，因为病毒和细菌在不同物种中的作用的确是不同的。仔细想一下，像蚊子、老鼠或蝙蝠这样的动物，它们也携带着对人类非常危险的疾病，例如疟疾或鼠疫，但这些动物却没有遭受同样的后果。

在《魔兽世界》这个在线角色扮演的游戏中，设计者也凸显了亡灵瘟疫的生物魔法特征，其中出现了研发这种疾病的实验室。在实验室那些阴暗的房间里，在各种大锅、烧杯、长颈瓶和盛有不健康颜色液体的大罐子之间，亡灵侏儒们正穿着研究人员的白大褂，在疯狂科学家的化身——戴着眼镜，只有两边头发的普崔赛德教授的指引下辛勤地忙碌着。

如果《魔兽世界》的科学影响力大部分来自美学，那么玩家在《永恒之柱》中就可以体会到更加深远的科学作用。这款由黑曜石娱乐公司开发的视频游戏将背景设定在艾欧拉世界的某个地区，那里的社会文化类似于欧洲文艺复兴时期。整个游戏的色调和气氛让人联想到很多经典奇幻作品，但有一个区别：艾欧拉世界正在经历一场真正的科学革命，并由此引发了非常激烈的冲突。

《永恒之柱》中的灵魂不是形而上学的抽象内容，而是某种具体的东西，它是一个人的身体和人格的养料。尽管人们对其功能还知之甚少，但有些人已学会通过冥想、仪式和训练等不同方式从自己的灵魂中汲取更多能量，获得包括魔法在内的非凡能力。灵魂可以被转移、保存、量化，然后被研究。几个世纪以来，玄学作为研究这一内容的学科，出于伦理和宗教的原因，虽然不至于被禁止，但也遭到各方面的阻碍和反对。不过，近几十年来，该领域还是取得了一系列的重要发现。

玄学家（游戏作者也称其为“灵魂生物学家”）采用科学的方法，诉诸昂贵的技术以及在可能的情况下进行的各类试验，对灵魂的本质展开探究。意外也时有发生，甚至是严重的意外：将灵魂固定在身体上以延长生命，但这并不会阻止身体本身继续腐烂，因而也刺激了人们对肉体的渴望。如果食用人肉的话，可以暂时阻止肉身的分解。瞧，这就是不死族。还有一些骗子或者道德有问题的研究人员，一有机会他们就会毫不犹豫地制造僵尸或是做出其他类似的可耻行为。

因此，有的玄学师会被很多巫师指责，说他们是在通过贩运生死来愚弄神，以获取本应被禁止的知识，这也就不奇怪了。有趣的是，这种冲突没有被简单描述为一种对或错的二元对立，而是一种复杂的情况。双方的立场存在着很多细微的差别，玩家不得不在这些细微的差别上进行反思。其实也就只需要参考下各个论坛上有关该游戏的讨论即可。因此，灵魂的科学本质以及对生与死的研究并不是纯粹的美学选择，而是植根于游戏叙事中的一种灵感来源。

再有像塔拉·阿伯纳西这样的死灵律师。塔拉是美国作家马克斯·格莱斯顿创作的系列小说中的第一部《三段式死亡》的主人公。在她的第一笔业务中，她受雇于某知名机构，任务是必须调查一位广受信徒膜拜的神的死。人们通过与神进行交易来换取能量，为房屋供暖，为阿尔库伦城市的火车提供动力。这种交换是通过复杂的法律合同制约和规范的。通过该交换，不仅是城市居民，还包括其他地区的居民都可以使用神的力量；并且，专门有一群技术牧师负责确保整个交换过程的效率，他们监管着用来分配神的能量的机器。因此，塔拉及其同事们的这次调查是结合了魔法、法律、技术和招魂术的具有原创性的成功案例。

正如格莱斯顿在接受采访时所说，合同、预测算法、商品的虚拟转移以及许多经济类叙事的其他元素都在这部奇幻作品中得到了相应的体现。因此，市场成为非物质层面上的一种战争，灵魂是一种货币，破产的管理与招魂术有很多共通之处，招魂术中将死灵结合到身体上的方法和医生在手术台上挽救生命的方法没有什么不同。魔法的使用，小说中也被称为手艺，这会干扰从业者的生命周期：从业者的寿命会延长，但随着时间的流逝，外表会呈现出骨骼的模样，成为一种巫妖，因为受到过多的魔法和法律义务的约束，最终成为不死之身。

材料与方法 ✡

现在，让我们看看死灵法师是如何制造成群的活死人的。他们的职业生涯几乎总是从墓地开始[1]，首先进行一些健康的体力劳动。在大城市中，他们可以与一些当地太平间的工作人员达成协议，而战场上的尸体数量众多，尤其受到他们的青睐。然后，他们需要一个实验室。这个实验室通常建在远离人烟难以发现的地方，并配备有必要的设备（实验室里不能缺少的是一个可以把尸体捆绑在上面的工作台，避免尸体复活的时候会突然躁动）以及记载有相关说明和仪式资料的魔法典籍。

最常见的方法就是使这些尸体复活。例如，在查尔斯·斯特罗斯系列小说“清洗部”中，要创造一个僵尸，就必须从另一个维度唤起一个不是特别聪明的，具有基本冲动的实体，并使其与新近死亡的尸体的神经系统对接，以实现对它的控制，并安排它执行某些任务[2]。

在《权力的游戏》中，复活尸体发生在两种截然不同的

---

[1] 《碟形世界》中面向魔法系学生的招魂术课程的第一课就是“拿起铁锹铲土”。

[2] 在斯特罗斯发明的世界中，计算机算法和数学方程式还可以打开去往其他维度的通道。在这些维度中的实体和洛夫克拉夫特作品中的外星神灵一样，通常都不太友善。清洗部是一家国家情报机构，其成员不仅要面对众多的隐患，还要与令人窒息的政府官僚作风作斗争。为了优化预算，前任的员工（将要死亡的员工）被认为是剩余人力资源，通常被雇用为夜间值班员或仓库工人。

情况下：一种是被外族人使用的，将遇害者以不死族的身份复活；另一种，也是我们更感兴趣的，是科本从事的活体实验。科本是城堡的学士（乔治·R.R. 马丁创造的世界中的科学家）之一，但他和其他同事不一样，他并不局限于只研究尸体以挖掘生命的秘密，而是开始解剖生物以揭示死亡的奥秘。后来他因为使用招魂术而受到指控，被剥夺了头衔，逐出城堡。经过各种冒险，他加入了君临朝廷。在这里，他的才智、判断力和对道德的漠不关心吸引了瑟曦·兰尼斯特的注意，并将他作为情报总管，准许他继续从事自己的研究。他最具代表性的研究成果就是复活了格雷果·克里冈的尸体。格雷果·克里冈曾经是为兰尼斯特家族服务的铁血战士。科本将高大的格雷果·克里冈变成了沉默而不可战胜的战士劳勃·斯壮，以作为女王的侍卫。

复活尸体也是万智牌游戏中精神错乱的招魂师吉萨·塞卡尼的兴趣（或者说是痴迷），这是会议中疯狂的传言。吉萨不在乎探寻知识，对她来说，亡灵知识是满足自己的异想天开的工具，这些亡灵是从依尼翠时空的众多公墓和战场上掠夺回来的人偶。吉萨非常聪明，喜欢施虐，还很自私，她用尚不熟练却很强大的魔法复活了大量的僵尸（也就是所谓的渎圣者），并用它们制服了敌人。她采用的招魂法与她的兄弟和竞争对手杰拉夫所用的方法相反。杰拉夫与他的妹妹不同，用的不是魔法而是炼金术。他是缝补工或死灵炼金术士，他将尸体的几部分缝合在一起，以获得变形的、怪异的尸体【也称为尸嵌（skaab）】，然后用生机液将其复活。生机液是一种炼金术化合物，是通过将干燥的天使血液稀释于大量的油中而获得的。渎圣者总是被血肉的欲望所驱使，而炼金术创造的僵尸可以由其创造者来设定，既可以用作战士，也可以用作安静的仆人。尽管它们比普通的僵尸具有更高的抵抗力和威力，但也有容易着火的小缺陷。毕竟它们身体里面塞的是油，容易燃烧。

从技术上讲，杰拉夫、依尼翠的各种缝补工和炼金术士创造的僵尸都属于人肉傀儡[1]。它们的形状和大小不受物理或常识的限制，而是受死灵法师（和作者）的创造力的限制。实际上，它们经常配备有来自炼金术士用来缝补的任何物种的肢体、肌肉、骨板、刀片、角和其他各种附件。它们是比《科学怪人》中的怪物更怪诞、更大规模生产的进化产物。因此，屋顶风暴卡牌上描绘的杰拉夫实验室的屋顶装有大型避雷针，乌尔姆的路德维奇（杰拉夫的师父）引以为傲的作品克劳姆僵尸由于流电学原理而获得飞行的技能，这些都不是偶然。

流电学的名字来自于意大利生理学家和解剖学家路易吉·加尔瓦尼。他在18世纪末注意到电流会导致被解剖青蛙的腿发生收缩，并且这些收缩与电流的强度有关系。受到这种现象的启发，他决定通过进行一系列实验来更彻底地研究它。通过实验，他提出了生物体中存在某种形式的电能的假说。1791年，他将这一发现公之于世，引起了科学界的极大热情，但也遭到了物理学家亚历山德罗·沃尔塔的质疑。根据沃尔塔的研究发现，这些电并不是来自于动物本身，而是来自加

[1] 犹太传统的原始傀儡是由黏土制成的，但是随着时间的推移，又陆续发明出许多其他傀儡，由不同的材料制成：琥珀、青铜、石头、水晶、沙子、冰、黑曜石、珊瑚等。这些新发明的主要来源就是《龙与地下城》。

尔瓦尼及其助手使用的各种金属工具。

科学家之间的这场激烈争论的美妙之处就在于，这促使他们俩朝着不同的方向各自取得了重要进展。实际上，加尔瓦尼经过一系列后续实验证明，即使不使用金属工具，也可以通过接合同一只动物的神经来触发收缩。他的研究奠定了电生理学的基础，电生理学是研究细胞和组织电学性质的学科。加尔瓦尼假设的生物体内带电是由于细胞膜两侧带有正电荷和负电荷的离子浓度不同，从而产生了电位差而产生的。这种电位通常为负，在某些细胞（如神经元和肌肉细胞）中变化非常快，产生一个或多个动作电位，然后可以通过触发新的或激活肌肉收缩的方式将其传递给其他细胞。这是由于不同类型的分子通道造成的。这些分子通道穿过可激发细胞的膜并控制着离子的通行，从而改变了电势差。

那沃尔塔呢？他猜想电流是由于不同金属之间的摩擦而产生的，这也是正确的。几年后，这个猜想也促使他制造了第一个电池，被称为量子电池，该电池由一列堆叠的铜和锌盘组成。

流电学是招魂术的基础。在 1803 年，乔瓦尼·奥尔迪尼（物理学家，加尔瓦尼的侄子，也是加尔瓦尼发现的支持者）在最近因谋杀而被绞死的乔治·福斯特的尸体上，当着一众医生和旁观者的面，进行了流电学实验的演示。当奥尔迪尼向福斯特的脸部施加电流时，福斯特的下巴发抖，左眼睁开。当他用电流刺激死者的肛门时，死者的一只手向上弹射，双腿直蹬，背部也发生剧烈弯曲。在 1831 年的《科学怪人》中，玛丽·雪莱明确提到了流电学原理。正如我们所看到的那样，许多招魂师其实就是维克多·弗兰肯斯坦的奇幻主义翻版，只是有时更偏向于魔法，有时更偏向于科学，但总是有着野心勃勃和道德沦丧的人格特征。

对血液的渴望 ✡

通过亡灵获得永生的另一种方式是吸血鬼。关于这种以血液为食的生物的传说是非常古老的，并且根植于各种文化之中，例如，从亚述文化中的拉玛苏到希腊的恩浦萨，从罗马的巫师到印度的起尸鬼，从斯拉夫的狼人到犹太的莉莉丝。

这种生物的现代写照（一个狡猾而感性的不死掠食者，十分危险，却令人着迷，能够隐藏在人类社会中）也是最近才出现的，和《科学怪人》中描写的以及其他的生物一样，都形成于同一个略显寒冷而多雨的夏天。

时间是在1816年，地点位于日内瓦湖上的迪奥塔蒂别墅中，英国诗人拜伦勋爵与他的私人医生约翰·波利多里一起搬到了那里。别墅的常客是诗人珀西·雪莱和他未来的妻子玛丽·戈德温，以及他同父异母的妹妹克莱尔。五个人通过阅读幽灵故事来消磨时间，有一天他们决定各自构思一个新的故事。玛丽详细阐述了根据流电学原理复活身体的想法，而拜伦则讲述了一个未完成的故事。这个故事启发了波利多里，他在三年后出版了小说《吸血鬼》。

1897年，布拉姆·斯托克也出版了他的小说《吸血鬼》，自此以后，吸血鬼的身影频繁出现在奇幻小说的各个领域。我们在托尔金的中土世界、柯南的冒险以及哈利·波特的世界中都找到了吸血鬼形象，尽管都是边缘角色。它在《万智牌》的很多时空中也非常普遍，尤其是在前面提到的依尼翠时空。但吸血鬼的角色真正生根发芽还是在现代背景下的奇幻作品中：从安妮·赖斯的小说到查琳·哈里斯的作品（电视剧《真爱如血》就是根据哈里斯的作品改编的），从谢尔盖·卢基扬年科“守夜人系列”中的守夜人到角色扮演游戏《吸血鬼之避世》及其衍生游戏中的朋克哥特吸血鬼。再就是在香港电影中深受欢迎的僵尸角色，经常与喜剧和功夫题材相结合。甚至是日本漫画和动漫中的吸血鬼，从《 JoJo 的奇妙冒险》中的石鬼面，到《吸血鬼猎人 D》中的末日后贵族，再到《皇家国教骑士团》中的阿卡多。阿卡多更像是一个坚不可摧的超级英雄[1]，而不是恐怖生物。

尽管奇幻作品中有着各种各样的吸血鬼，但西方和东方的大多数吸血鬼都有一些共同的特征，并且这些特征都可以得到科学的解释。

卟啉症是一类罕见的疾病。致病的原因是缺乏产生血红素（血红蛋白的成分）所需的酶。而血红蛋白是在血液中运输氧气的基础分子。卟啉症患者的各类症状都可以与吸血鬼相关联：例如，他们都对日光都非常敏感，因为日照可能会导致严重的疤痕。因此，他们只能在晚上活动；如果症状是

---

[1] 他融合了其他的吸血鬼所共有的很多特征：超级强大，速度超快，具有超凡的感知力，能够变身，会读心术，能够控制他人的思想，能够飞行等。

急性的，可以通过注射血红素（一种来自血红蛋白的酶，补偿肝脏中血红素的缺乏）进行治疗，但曾经也出现过通过让患者喝人血来治疗的情况；他们还要避免吃大蒜，因为大蒜会刺激红细胞的交换和血红素的消耗，从而加剧了该疾病的症状。

卟啉症和吸血鬼之间的关联在 1985 年得到了生物化学家戴维·多尔芬的支持，同样，正如之前有关河豚毒素和僵尸的案例一样，多一些谨慎和怀疑是没有坏处的。卟啉症患者并没有满足血液需求的渴望，喝血也不会减轻他们的症状，因为血红素的摄入是无法通过口服来实现的。至于大蒜，也没有证据表明食用它会加剧这种疾病的症状。此外，民间传说中的吸血鬼白天也会出来活动，对日光的敏感性其实只是一项文学创造。最后，卟啉症的患病率是非常低的，也不足以解释 18 世纪在欧洲发现的数量庞大的吸血鬼。

那么，要如何解释这些吸血鬼呢？历史资料表明，从地下挖出的尸体的外观腐烂程度并没有我们预期的那么严重。他们的嘴唇上和静脉中仍然留存着血液，胃部像刚吃饱饭一样肿胀，牙齿类似于犬齿，指甲也如同动物爪子[1]一般。如果有一具这样的尸体站在面前，人们的反应是去砍掉它的脑袋或是刺穿它的身体，这也就不奇怪了。有时候还是一边哭喊着，一边做出这样的反应。

这些现象的罪魁祸首是尸体内存在的细菌，细菌在人体

[1] 只是在 1745 年的《牛津英语词典》第二版中，“吸血鬼”一词才正式与这些现象相关联。

死亡后会继续产生导致胃肿胀的气体，并将血液从肺部推入口腔。在某些情况下，这些气体还会使声带振动，尤其是在摇动身体或是身体被刺穿的情况下。此外，如果尸体是在一年中最寒冷的时期下葬的，这个分解的过程会变慢。指甲不再继续生长，但周围的皮肤会慢慢消解，使指甲看起来更加突出。牙龈也是同样的情况。

然后还有一些人被活埋的情况，这种情况发生得比你们能想象到的要频繁。在Snopes（一家专门核查并揭穿谣言和传闻的网站）上发布的一篇文章中，网站创始人大卫·米克尔森总结了历史上曾经记录过的几桩过早埋葬的案件。你们可以去看一下这篇文章，然后想象一下，如果你们生活在中世纪，当听到来自坟墓内部的敲击声或看到刚出土的尸体突然睁开眼睛大喊的时候，是不是有种毛骨悚然的凉意。

✡ 灭绝和灾难

作为角色扮演游戏的玩家，我最爱的游戏之一就是马克·莱因·哈根的《吸血鬼之避世》，其中的吸血鬼是因为有罪的该隐受到惩罚而遭到神灵诅咒的结果。该隐的后代分化为许多不同的氏族，像寄生虫一样栖息在人类历史的阴影中，时而影响着人类，时而又为人类所拖累。

在我们小组中以及我们搜索信息的各大论坛上，讨论得最多的一个话题就是世界人口中吸血鬼的比例有多少。作家们提出的平均值是大约每十万人中有一个[1]（在中世纪时期，当时还没有判官和猎人对吸血鬼造成威胁，这个比例还要多出十倍），但是显然这个数字考虑了作家叙事的需求，而没有考虑人类中部分吸血鬼捕杀者的实际能力。

但是有些人也确实做了这样的计算。

1982年，奥地利数学家理查德·哈特尔和亚历山大·梅尔曼发表了一篇题为《特兰西瓦尼亚可再生资源问题》的文章，他们试图使用数学模型优化喂养策略。两位研究人员假设吸血鬼分为三类：一种是贪得无厌的吸血狂魔，一种是仅消耗血液直至饱足，最后一种是在饱足前就停下来的吸血鬼。然后他们得出结论，在所有这三种情况下，吸食人血并将受害者也转化为吸血鬼，这会对吸血鬼的人口总数起到反作用。放心，其实哈特尔和梅尔曼并不相信吸血鬼的存在，他们只是使用这三种吸血鬼模型来模拟对于某种可再生但并非取之不尽的资源的三种经济管理模式，并且吸血鬼在整个模拟过程中的表现非常出色。第二年，他们又再次利用吸血鬼进行模拟，这次是将其应用到20世纪20年代开发的“捕食者–猎物”模型中，以模拟只有两种动物相互作用，其中一种动物被另一种动物捕食的生态系统的动态发展。

这么做的并非只有哈特尔和梅尔曼，还有来自俄罗斯、欧洲、印度尼西亚等世界各地的研究人员也进行了数项研究，他

[1] 这个数字对于意大利来说不太现实。在意大利只有罗马和米兰的人口超过一百万。根据这个数据统计，在巴勒莫和热那亚应该有六个吸血鬼，在佛罗伦萨有四个吸血鬼，在威尼斯有两个。对于我们所想到的关于吸血鬼的那些背叛和操纵的错综复杂的故事而言，这个数量也太少了。

们都使用了吸血鬼和其他类似生物作为线索来建立数学模型。

在这方面，值得一提的是瓦迪姆·斯特里尔科夫斯基、叶夫根尼·利辛和艾米莉·韦尔金在2013年发表的研究成果，他们从文学、电影和电视剧中的三种不死模型开始，分析了人类和吸血鬼之间可能的共存关系：第一个模型是布拉姆·斯托克和史蒂芬·金的吸血鬼，他们通常会选择一个受害者，在之后的四到五天内以吸食受害者的血液为生，直到受害者死亡，之后受害者也变成吸血鬼。这种情况对人类来说最致命，因为在共存的前一百六十五天，全世界80%的人口将被消灭。第二种模式是基于安妮·赖斯的小说《夜访吸血鬼》，在这部小说中，吸血鬼可以选择不杀人，也不将受害者变成自己的同类。但对于我们人类而言，结果仍然是负面的，但要完全灭绝人类需要近五十年的时间。第三个模型是唯一可行的模型：它基于查林·哈里斯笔下的苏琪·斯塔克豪斯的故事《南方吸血鬼》、斯蒂芬妮·梅尔所著系列小说“暮光之城”和伊丽莎白·科斯托娃的《门徒》。在这些故事中，吸血鬼是稀有的，并且就像科斯托娃的小说所描述的那样，它们将自己很好地隐藏起来，或者设法以某种比较和平的方式与人类互动。甚至，在哈里斯的书中，它们的存在不再是秘密，而人造血，一种类似于真正的血液的东西可以在酒吧和超级市场买到，从而简化了食物的问题。尽管这种情况不会自动导致人类灭绝，但人类与吸血鬼的共存关系仍然非常脆弱。因此，有必要关注下作品中两类种群的人员参数，以免造成灾难。

根据另一项研究，电视连续剧《吸血鬼猎人巴菲》的故事背景——桑尼代尔镇的状况，从生态学角度来看似乎还是比较稳定的。

为什么这些数学研究员会对吸血鬼这么感兴趣？因为它们代表了自然界中不存在的东西：一个可以将其猎物转变为另一个捕食者的捕食者。碰巧的是，狼人和僵尸也在被研究的对象中，它们也可以将受害者转变为同类。

除了用来研究捕食者与被捕食者之间的关系外，这些生物还可以用于疾病传播的研究。僵尸和吸血鬼的存在经常会被归因于一种疾病的感染，就像理查德·马修森的小说《我是传奇》[1]一样，这种疾病是可以通过咬伤或接触被感染者的血液进行传播的。

关于这个问题，美国主要公共卫生组织——疾病控制与预防中心（CDC）的专家非常清楚。2011年，他们发起了一场活动，利用僵尸来提高市民对诸如飓风和流行病等灾难的重视，呼吁民众在灾难来临之前做好准备。“如果你们能够准备好面对僵尸侵袭的世界末日，那么你们就做好应对一切灾难的准备了”，这是该活动打出的口号。活动也取得了巨大的成功，以至于疾病控制与预防中心网页的服务器一度陷入瘫痪。

[1] 不是威尔·史密斯主演的电影。忘了那部电影吧，就当它不存在。

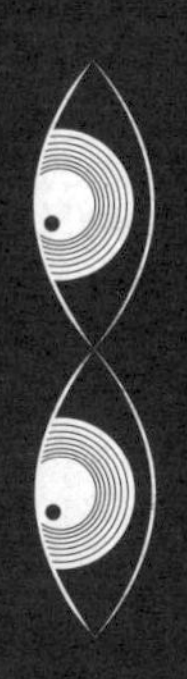

第五章

力量来源

✡ 自然的灵魂

正如我们在第二章中所看到的，大自然不仅是许多奇幻环境的核心组成部分，还是神秘力量的主要来源之一。它为妖精和树精等精灵生物以及许多魔法师提供了魔法来源。2009年，佐治亚州立大学传播学教授泰德·弗里德曼在一篇关于奇幻技术与自然之间关系的文章中写道："奇幻是对万物有灵论的先驱哲学的继承。"万物有灵论（泛灵论）是一种信念，即一切事物（所有生物、地点和物体）都渗透着无形的生命本质。1867年第一次引用该术语的是英国人类学家爱德华·伯内特·泰勒，根据他的说法，万物有灵是一种原始的宗教形式。该宗教后来从多神论演变为一神论。

实际上，最早使用此术语的人不是泰勒，而是比泰勒早一个多世纪的德国医师乔治·恩斯特·斯塔尔，他将对人体机能的控制归功于灵魂。他的科学万物有灵论试图反对机制主义，解决身心之间的笛卡尔二元论问题。事实上，根据斯塔尔的观点，运动是由灵魂控制的无形实体，灵魂与心脏和血液流动等物质元素相互作用，血液流动使生物体得以生存。所有这一切都没有什么神秘的：灵魂无法被感知，因此也无法进行直接研究，但是可以通过对生命有机体的生理学和病理学研究来推断其本质。

但是，让我们回到奇幻世界来，它实际上也给我们提供了许多泛灵论的例子。除了弗里德曼在文章中提到的《指环王》

《黄金罗盘》和“哈利·波特”系列，在宫崎骏的许多电影（以及日本的各种奇幻作品[1]）中，在厄休拉·勒古恩的《地海传奇》中，在《冰与火之歌》的七神信仰中，以及其他一些存在着自然灵魂与神灵（它们甚至是奇幻世界里主要的魔法原动力之一）的故事中，也可以找到泛灵论的存在。因此，奇幻世界中往往充满了一种迷人而神秘的自然魔法，不是在书本上学到的，而是通过接触世界的精神本质而获得的。

德鲁伊就是泛灵论的践行者。它们是自然界的守护者，从大自然中汲取能量来为自己提供力量。尽管这种力量会随着环境的变化而变化，但却可以使德鲁伊获得变身、愈合、生长、控制天气以及与动植物和精灵进行交流的能力。德鲁伊经常以荣格式老智者的原型出现，化身为帮助英雄的仁慈圣贤，体现驱散黑暗的知识、光明和精神原则。是的，就像梅林一样，尽管我们习惯上称呼他为魔法师，但实际上他更像是德鲁伊，因为他与森林的关系密切，拥有与动物互动的能力以及变身技能。

由于在《亚瑟王传奇》中，梅林是人类与精灵的儿子，所以他通常与另一种自然魔法联系在一起，也就是仙灵的魔力。这是种古怪而反复无常的力量，有时是类似于德鲁伊的力量，但同时也具有强大的隐藏和欺骗成分。这里说的仙灵绝对不是迪士尼电影中那种善良的仙女，而是托尔金作品之前的精灵、侏儒和妖精。它们经常喜欢欺骗旅行者、破坏农

---

[1] 这一定是受到日本传统宗教神道教泛神论内涵的影响。神道教是以对神灵和守护神（合称为神）的崇拜为基础。

作物（爱尔兰的鬼怪）、绑架儿童（威尔士的塔露丝·泰克），甚至杀人和吃人（苏格兰的小妖精或爱尔兰的杜拉汉）。正如《仲夏夜之梦》所讲的那样，即使是它们当中最仁慈的精灵也是会欺骗和迷惑人的。当然，这两种类型的童话生物在奇幻作品中都有很多，例如波尔·安德森的《三颗心和三只狮子》、霍利·布莱克的《奇幻精灵历险记》、吉姆·布彻的《巫师神探》、迈克尔·斯旺威克的《铁与火之龙》、一些角色扮演游戏例如《变身：梦幻》和《变身：迷失》以及其他许多作品。

然而，如果我们看看现实的世界，真正擅长欺骗和操纵的大师其实是植物。

“植物非常善于控制周围的领土和周围的生物。它们以一种它们看不见的方式实施它们的控制，听起来似乎非常的神奇，这其实要归功于植物在环境中产生并扩散的挥发性芳香物质，例如萜烯和精油，它们具有驱除某些昆虫的功能，并且还可以充当附近其他植物生长的抑制剂。没错，植物之间也是存在资源竞争的。”雷纳多·布鲁尼解释道，“植物还可以通过特殊的化学物质来操纵土壤和叶片表面的微生物菌群，仅仅允许其中可以为它们所利用的微生物自然生长。光合作用产生的能量中有很大一部分用于产生物质，然后这些物质通过根部传播到土壤中，吸引其他微生物来帮助植物保护自身和吸收养分。植物就像是一个巫师，在它的塔楼周围吸引着众多的追随者和士兵，不是用金钱或其他摸得着的好处来吸引，而是用它自己的魔力。”

这种吸引的效果很多时候是不需要直接接触的，因此在某种意义上，这会使我们想到小说中读到的或是在电影中看到的魔法，里面的人物只需将手指向目标，便可以产生效果而无须触摸到目标。就像萨鲁曼在电影《指环王》中的邪恶声音一样，不需接触就可以召唤出卡拉德拉斯山来对付弗罗多和他的同伴；又或者像达斯·维达一样，远程操作便可以扼杀敌人。

“植物之间的交流也非常有趣，”布鲁尼补充道，“这个过程是纯化学的，非常复杂，与口头语言完全不同。它更加倾向于一种味道，最重要的是，它是具有普遍性的。由于植物本身无法移动，它们进化出了一种化学语言，可以与任何生物、动物或植物进行交流。”

因此，也许德鲁伊和仙灵们就是从植物身上学到了一些化学技能。不过在一切还没有定论之前，我们还是继续称它们为“魔法”吧。

关于玛那 ✡

在美拉尼西亚和波利尼西亚文化中，有一个名叫玛那的术语概念，指的是一种超自然的精神力量，可以被人、动物、地方和无生命的物体暂时或永久性地拥有。拥有玛那就意味着“具有魔法和权威”，人们可以通过自己的行动获得它，也会因为某些行为而失去它。19 世纪末期，英国传教士兼民族学家罗伯特·亨利·科德灵顿将这一术语引入西方，自此以后，玛那成为人类学家和宗教史学家研究的重要对象。不过对我们来说，现在最感兴趣的是美国作家拉里·尼文在小说创作中对玛那这一概念的叙述。

作家尼文以写作科幻小说而著称，从1969年开始陆续发表了一些科幻故事。这些故事都是围绕着一个叫作术士的主人公。术士是一个强大的巫师，其真名不明且不为人说道。他的系列小说的中心主题（尤其体现在1976年的短篇小说《魔法消失了》中）是表现随着产生魔法的能量消耗而不断降低的魔法有效性。尼文将这种魔法来源的能量称为玛那，并受到1973年能源危机的启发，将其定义为不可再生能源。经过一系列极其科学的探究过程（观察、提出假设、进行实验以及证实并得出结论），术士第一个认识到魔法力量的来源不是无穷无尽的。

虽然这个系列小说的故事并没有很成功，但是它将玛那作为一种神奇的燃料的想法却受到了读者的欢迎。小说中所叙述的玛那的概念是要比斯塔尔的灵魂和许多奇幻故事的精神实质（以及美拉尼西亚和波利尼西亚文化对玛那的原始定义）更为具体的概念。它是可以量化的，是可以转换为其他形式的，最重要的是，它不总是可以被利用的，要么是由于它在某个地方的含量很低，要么是因为很多人只能马马虎虎发挥出它的效果。这些特征使其成为了极为有效的叙事工具，因为它为魔法的使用引入了一系列物理和概念上的约束。正如美国作家布兰登·桑德森在他的第二条魔法法则[1]中所论证的那样，超人吸引读者的地方不是他的力量而是他的局限性。

---

[1] 我将在第九章中讨论这个问题。

玛那是魔法机制观点的核心，魔法需要能量来发挥作用。这一概念也常常出现于各种书籍和漫画中，有时会使用不同的名称。例如在日本的动漫中受大众欢迎的“气”，漫画中会武术的人物发挥功力的大小与周围光环的力量成正比。

玛那的概念真正得到广泛利用还是在基于这种规则和机制的各类游戏中，例如，出现在各类角色扮演的游戏中。尽管这类游戏的前身《龙与地下城》及其衍生作品是受到杰克·万斯的“濒死的地球”系列小说的启发，使用的是不同的系统，以及在许多视频游戏中，里面的角色都有一个法术能量条，当他们使用咒语或使用异能时会消耗能量，而当他们休息或吞噬特定的药水时会为其充电。它在《万智牌》游戏中也发挥着重要的作用，并拥有着更加丰富的内涵。

在《万智牌》中，两个或多个巫师通过施放咒语和召唤生物来互相对抗。为此，他们必须从环境中汲取足够的法力；并且，根据获取来源地的不同，法力也具有不同的颜色：黑色法力来自沼泽和墓地，红色法力来自山峰，蓝色法力来自岛屿和海洋等等。加起来一共有五种颜色，每种颜色都与它可以补充的魔法种类的各方面特征有关：白色（正义、利他主义、法律、治愈、保护），蓝色（知识、逻辑、创造力、欺骗、审慎），黑色（力量、死亡、牺牲、机会主义、剥削），红色（自由、速度、混乱、破坏、情感），绿色（自然、灵性、成长、力量、直觉）。

✡ 元素的力量

自游戏发布之日起，“颜色轮”就是《万智牌》最有特色的元素之一，对游戏的机制、风格及其背景的特征都产生了极大的影响。“颜色轮”中的每种颜色不仅体现了某种特定的哲学，也与其他颜色有着不同的关系：“颜色轮”中与之相邻的两个颜色是其盟友，其他颜色是其敌人。如白色是绿色和蓝色的盟友，却是红色和黑色的敌人。从这些相互作用中，会出现不同的原型冲突：例如，公共利益对个人利益的冲突（白色与黑色），或是本能和理性的冲突（红色与蓝色）。此外，也可以在同一副牌中使用相反的颜色（例如绿色和黑色）。

《万智牌》的“颜色轮”很容易让人联想到“五行”的概念。这个概念可以用于解释道教、风水、传统医学和中国文化中许多其他领域的不同现象，从宇宙学到政治周期，再到生物体内各器官之间的相互作用。这五个基本动态分别是木、火、土、金和水。它们之间建立的关系不同于万智牌中联盟和对抗的关系，但始终基于它们相互之间的作用：木头燃烧可以生火，火形成的烟灰可以改良土壤，从土壤中可以提取出用于运输水的金属，水进而又可以滋养木材。除了五行之间的转化循环外，五行之间还存在着互相制约的关系：木材将土地分开，土地吸收水分，水扑灭大火，大火熔化金属，金属砍伐木材。五行中的每种动态都对应着一颗行星、一系列的心理和情感特质、五脏六腑（阴和阳）、一种感官、生命的不同阶段、一个季节（这里的“土”指的夏和秋之间的过渡期）和一个地理方向（此处的“土”代表中央位置）。

在西方，人们倾向于称五行为“元素”，与恩培多克勒所说的“四元素”是谐音。根据恩培多克勒的说法，四元素构成了一切现有的物理结构。但是，中国的五行是五种能量的形式和过渡的过程，而西方元素中的水、空气、土和火（后来亚里士多德在其中添加了构成天体的以太[1]）是构成物质的组成部分。根据希波克拉底的体液学说（该学说由希波克拉底提出，并由盖伦进一步发展），四元素在医学中的应用采取了一种更为系统的方法即将恩培多克勒提出的四个元素分别与四种液体相对应：血液（空气）、黑胆汁（地球）、黄胆汁（火）和黏液（水），统称为四体液，不仅会影响一个人的健康状况，而且会影响他的性格，进而影响到四个季节、一天中的四个时刻和生命的四个阶段。这一切与毕达哥拉斯的四元数理论（四元数理论是毕达哥拉斯及其门徒探索客观世界中数字神秘功能的早期发现）的内容也是一致的。

用现代的眼光看，这些理论似乎是伪科学和神秘主义的混合体，但是如果我们站在当时的环境来看待问题，我们就会意识到，几个世纪[2]以来，它们其实代表了一种逻辑可靠的理论框架，也产生了很多科学的假设和不可思议的解释。正因如此，人们才可以定义和解释从健康到性格，从季节循环到恒星运动等不同现象。因此，从奇幻的角度来看，所有这些元素为奇幻作品提供了极为肥沃的养料，以至于元素魔法

[1] 在印度教思想中也存在这五个组成部分，而在日本传统中，以太这一元素被虚无所替代。

[2] 值得一提的是，体液理论的盛行一直持续到 19 世纪中叶。

以及与之关联的生物（例如元素精灵、神灵和龙）已成为许多奇幻世界场景中的经典。

在罗伯特·乔丹的《时光之轮》中，守卫者相当于魔法师，他们的力量可以通过能够控制的能量的多少来衡量。根据性别的不同，每个角色使用其中一到两种元素的力量较强，这些元素以各种几何形态交织在一起。在城市奇幻系列小说“巫师神探”中，四个元素全都出现了，还多了精神元素：在小说中，巫师可以使用与空气有关的力量来移动物体或人，使用与土有关的力量来影响磁力和重力，而水的力量则与变化和熵有关。

新加坡华裔小说家杨雅珺，开发的元素系统是目前最科学的元素系统之一，这也要归功于她在分子生物学和科学传播学方面的学科背景。撰写的“丝绸朋克”系列小说以虚构的东方社会为背景。在这种社会中，人们经过类似于武术的训练，就可以学会操纵五种不同的基本能量。杨雅珺将这些能量与所谓的松弛魔法的五种性质联系到一起：重力（土）、动力（水）、热能（火）、电磁力（金属）和生物化学（森林）。

这些元素理论的伪科学性质也使得它们非常适用于游戏，因为设计者可以由此构建出叙事连贯且规则完整的魔法管理系统。《万智牌》就是一个很好的例子，但当然不是唯一的例子。例如，在棋盘游戏《幽港迷城》中，运用了六种元素，分别是火、冰、空气、土、光明和黑暗，并由放置在表格中的同样数目的标记来表示，表格一共有三列，分别表示三种状态：不活动、下降中、强。在每场游戏开始时，标记都位于“不活动”的队列中，但是随着玩家开始使用能量（在其卡片上会出现元素符号），相应的标记将直接移至“强”那一列；在进行魔法活动之后，该卡牌的能量在该环境中不断集结，其他角色可以使用它来增强他们的某些技能。被他人使用后或是简单的时间流逝都将导致卡牌能量状态从“强”变成“下降中”，最终又回到“不活动”的状态，直到下一次的能量输入。

在《龙与地下城》等西方典型的角色扮演游戏中，这四个经典元素与同样数量的其他形式的能量有关。这些能量可以造成不同效果的伤害，其他生物也会对此表现出一定的脆弱性或抵抗力。有一些能量的效果是可以预见的，例如水属性的精灵对火球一定很敏感，但是如果你们试图用火球来对付火元素或红龙的话，那么其结果只能说明你们不是聪明的巫师。相反，在深受东方哲学影响的游戏中，例如游戏*Exalted*，对于水、空气、土、火和木这五个中西混合的元素的使用要更加系统化，而且这些并非总是可量化的，在一些案例中与技能和环境要素有关。在某些规则系统中，元素的数量有所增加，角色扮演游戏《角色扮演者》甚至使用了二十二种元素[1]，包括重力、电、振动、惯性和等离子子等。

在角色扮演游戏《法师：超凡入圣》与《法师：觉醒》中，对于水、大地和空气的控制又回到了物质领域（或物质奥术）的范畴。从科学的角度来看，这也是有道理的，因为这三个元素实际上可以对应物质的三种状态，即固态、液态和气态。然而，该系统不太合理的地方是将火元素定义为热能，并且认为它受到力场、辐射、重力、动能和电能的控制。但是热能

[1] 对于喜欢计算和制作表格的人，请不要浪费时间。

并不是一种力，而是一种从较热物质向较冷物质的能量传递。而且物质的第四个基本状态是等离子体，但是等离子体是带电的气体，密度非常低，因此与发生燃烧效应的火并无关系。

因此，综上所述，四元素或五元素的系统对于各类奇幻世界的魔法来源具有一定的启发性，但用来描述当代世界就不太实用了。

✡ 创造与破坏

世界的起源来自原始混沌。我在第一章中提到的神与大型爬行动物之间的斗争，就是英雄与原始混沌斗争的典型。几乎所有的造物神话中都有英雄征服和改造原始混沌的主题。奇幻作品从这些神话中汲取了大量的灵感，许多作者都开始讨论混沌与秩序（有时也称为法则）之间的冲突，以至于它常常取代了善与恶之间的经典冲突。在这样的背景下，混沌成为了一股原始而强大的力量，富有创造力的同时又具有破坏性。因此，总有一些鲁莽的魔法师想要利用混沌的力量来增强自己的魔法。

从这个意义上说，最典型的案例就是《战锤》的世界。其中混沌不可避免地成为了邪恶的象征，但同时也是所有魔法的来源。根据奥秘学者中最普遍接受的一个假设，从混沌之门（一种位于世界北极的次元门）发出的原始能量分成八种不同的魔法之风，每一种魔法之风都有自己的代表颜色以及决定了它们可以提供的魔法种类的一系列特征，就和颜色轮一样。可以通过高等魔法或奎许以和谐的方式利用这些“魔法之风”，但也还有另一种更直接也更危险的方式即催化所有可用的能量来创造出一种有些粗糙但非常残酷的魔法。这种魔法也被称为黑魔法或达尔。这种魔法的基础不是知识，而是坚定的意志力[1]。使用这种黑法术可能会产生不可预测的副作用，例如生理和心理的突变。

麦克·穆考克的多元宇宙中也存在着法则和混沌，但是这两个原则以及体现它们的神灵都超出了善与恶的范畴。法则（用指向一个方向的箭头表示）是秩序与正义的载体，但是仅受其规范的世界是停滞而荒凉的。混沌（用辐射状排列的八个箭头[2]表示）是可能性的、不断变化的、与混乱和熵有关的原则，它是魔法的基础，但这里的混沌与《战锤》中的混沌有着根本性的区别。穆考克的混沌不再是魔法八风的原始能量来源（即产生供魔法师学习掌握的真正的自然法则），而是让巫术成为可能的原则，因为它打破了自然法则，释放了利用魔法的可能性。

而在漫威宇宙中，法则和混沌并不是绝对的概念，但使用混沌魔法是非常危险的，即使是最高巫师（也是前神经外科医师）的奇异博士在使用它时都必须极其谨慎，只是后来

[1] 根据我们使用的魔法的定义（我将在下一章中讨论），可以这么说：《战锤》世界中的高级魔法其实就是科学，而黑魔法才是真正的魔法。

[2] 穆考克发明的符号非常成功，不仅被许多游戏（包括《战锤》）采用，而且也被混乱魔法的追随者所采用。混乱魔法诞生于20世纪70年代，融合了萨满教、后现代主义和流行文化。它与我在这里谈到的混沌魔法无关。

他又否认了它的存在。如果想要找到有关这种不可预测的魔法力量的实际案例，我们可以来看看猩红女巫。她的出生受到原始魔神西索恩的影响，使她拥有了改变现实的能力。最初，这种能力是通过改变事件发生概率以损害对手的诅咒来体现的，但这种方法是无法完全掌控事情发展的，也就是说她可以决定产生什么影响，但不能决定结果产生的方式。随着时间的流逝，猩红女巫渐渐学会了如何正确控制自己的力量，以产生更加精确的效果，也可以为了自己的利益而操纵概率，甚至在漫画《M 皇室》中，能够直接创造出另一种现实。但是她的魔法始终存在着不稳定性。

在《法师：超凡入圣》（其宇宙系统更加复杂，并且与其他以《黑暗世界》为背景的游戏之间有交叉）中，虽然没有混沌的能量，但是关于运气、命运、混乱和概率的效果又回到了熵界[1]内。研究它的巫师通常要选择是关注对有序结构的理解（和操纵），还是关注导致其分解的过程；并且巫师们可以感知和改变概率流动，影响物体和身体的腐烂速度，或是产生随机的想法和行为。在《法师：超凡入圣》中，使用魔法的时候都要精明些，避免由于在改变现实的过程中显得太过无耻或太过明显而使得现实本身（现实具有共识的性质，也就是说，是基于整个人类的集体信念）产生了相同的反作用力（依据就是大家都很熟悉的作用和反作用原理）。因此，从某种角度来看，在取得某种效果方面，改变事件发生概率

[1] 在游戏中，“九界”指的是九个知识领域，每个领域都专注于现实的一个要素。它们共同代表了某些物理学梦寐以求的“统一场论”或“万有理论”。

的方式可能没有其他方式[1]那样明目张胆，因此危险性也相对较小。小心一点总是更好的，毕竟没人愿意遭受现实的反击，一种牛顿式形而上学的反击。

这四个例子说明了混沌作为魔法来源的不同方式，从无政府主义的解释(“让我们打破自然规律！”)到机械化的解释。从科学的角度来看，这些示例(以及混沌魔法的所有表现形式)抛出了一系列极为引人入胜的概念，这些概念又混合在一起，形成了一个大杂烩：对现实的改变、纯粹的随机性、变异、对概率的操纵、衰减和熵。

接下来，我会再做一些清楚的解释。

宿命的混乱 ✡

特里·普拉切特的《碟形世界》中有一种怪异的神灵叫作卡奥斯。它代表了规则的完全缺失，能够破坏概率法则，它拥有一把极寒的剑，这把剑可以逆转熵。但是熵与热量还有混乱之间有什么关系呢？要理解这一点，就必须先了解一下热力学领域以及热力学的前两条定律。

第一条定律解释起来相对比较简单，也比较直观：一个孤立的系统的总能量是恒定的。这意味着能量可以转化为各种形态，但不能被产生或被破坏。但是，正如热力学第二定

[1] 比如从手心发射绿色闪电或是变身成四臂巨人。

律所指出的，每当从一种形态转换为另一种形态时，都会造成少量的能量损失，损失的部分将不再参与系统内的其他过程。在 19 世纪 20 年代，法国物理学家兼工程师、热力学奠基人尼古拉斯·莱昂纳德·萨迪·卡诺提出了热力学的概念。他的研究表明，发动机的效率存在最大极限，因为部分机械能会以热量的形式散发，这部分能量将不再被发动机重复使用。1850 年，德国数学家鲁道夫·克劳修斯解决了卡诺能量守恒原理中的矛盾，重新提出了热力学的两大定律。1852 年，英国物理学家威廉·汤姆森勋爵，也就是大家所熟悉的开尔文勋爵，他将能量损失的概念应用到更加广泛的宇宙层面。他在十年后写道："最终将不可避免地导致宇宙的停滞和死亡。"这一论述奠定了宇宙热死假说[1]的基础。就这样一直到了 1865 年，克劳修斯创造了"熵"的概念，用来表示在每个过程中耗散且不可再利用的能量。

奥地利物理学家路德维希·玻尔兹曼将熵与无序联系起来。他将统计力学应用于原子和物质性质的研究，得出结论，认为热力学第二定律是粒子连续碰撞的结果，并且势必会带来系统的混乱。

熵是一个宽泛的概念。例如，我们在美国数学家克劳德·香

[1] 关于宇宙死亡宿命的联想导致许多作家将其归因于控制死亡、破坏和衰败的熵魔法力量。例如，在阿曼达·唐纳姆的《死灵法师编年史》中，主人公既是死灵法师又是熵能者。在"龙与地下城"系列《被遗忘的国度》中，也有一些熵能者，他们有造成伤害、阻碍愈合过程（包括魔法进程）以及加速伤口出血的能力。

农[1]提出的信息理论中就可以找到熵的概念，这里的熵与信息源的可预测性有关。在理论生态学中，它被当作是对香农理论的应用，用于预测生物多样性或是物种与它们生活的区域之间的关系。它也被用于密码学（与随机性进行交叉）和天体物理学中。此外，它与可能性以及必然增加的无序性的关联也使它成为许多作家非常感兴趣且为之着迷的概念，受欢迎的程度不亚于偶然性的概念。

掷骰子确定一个人的命运是所有角色扮演游戏的玩家都非常熟悉的操作，其历史根源也是十分深厚的。事实上，早在上古时代，随机性就与命运相关联，而运气博弈也是确定命运的一种方式。投掷占卜就是好在许多文明的占卜活动中经常使用的随机方法（投掷骨头或骰子，抽取卡片或木条）。比如从易经卜卦到古罗马人的任意抽翻占卜法，以及直到欧洲文艺复兴时期在魔法和神秘主义浪潮影响下广泛流行的纸牌占卜术和其他形式的预言占卜术。

第一个从严格意义上讨论概率概念的人是16世纪的数学家和赌博玩家吉罗拉莫·卡尔达诺。在随后的几个世纪中，布莱斯·帕斯卡和皮埃尔·德·费马特等学者也开始研究这一主题，直到19世纪，法国数学家皮埃尔·西蒙·拉普拉斯才奠定了现代概率论的基础。

尽管在随机现象的分析方面，学者们已经取得了一些进展，但在概率方面却依然难以推理。例如，《龙与地下城》

[1] 最初是约翰·冯·诺伊曼（他将熵的概念引入到量子力学中）建议香农使用该术语来代替不确定性，因为“没人知道什么东西就一定是熵，这样你在讨论中就可以始终处于优势地位”。

的许多玩家都认为在连续两次获得1的结果（也就是最糟糕的结果）之后，就不大可能在第三次投掷的时候再获得1。然而并不是这样的：每次投掷本身都是一个单独的事件，而前两次投掷的结果并不会改变下一次投掷仍是获得1的概率。如果有人把玩家的这种事不过三的非理性逻辑用来买彩票的话，那就会造成很大的问题，因为在这种全国性的博彩中获得大奖的概率，可能比被陨石击中、被雷击甚至是获得奥斯卡奖的概率还要小。

在分析纯粹偶然事件发生的随机系统时，需要用到的是概率学理论。但是，如果在处理一个由精确法则和动态规律控制的定数系统时，其结果仍然是不可预测的，那要怎么办呢？

我们再来说说拉普拉斯，他深信宇宙遵循非常精确的规则，并提出，如果他能够知道组成宇宙的所有粒子的速度和位置，他将能够精确地预测未来[1]。大约一个世纪后，人们开始对拉普拉斯预测的确定性产生了怀疑，当时出现了另一位法国数学家亨利·庞加莱，他揭示了动力学系统的理论。到了1920年，随着量子力学的出现，拉普拉斯理论基础受到了巨大的冲击。量子力学借助统计学和概率学的理论，解释了基本粒子的运动规律。

直到美国气象学家爱德华·诺顿·洛伦兹进行了一组实验，拉普拉斯的幻想才彻底破灭。20世纪60年代，洛伦兹开发了一个数学模型来模拟一些基本的大气现象，并将其上传到计

[1] 拉普拉斯对自己相当有信心。当拿破仑对他说“您这本书的主题是世界的建立，但却只字未提宇宙的创造者”时，他回答说：“我并不需要这个假设。”

算机上，然后开始输入几个变量以观察会出现哪种天气模式。有一天，他试图重现其中一种他比较感兴趣的天气模式，于是他再次输入产生该模式的变量，结果却出现另一种天气模式。这怎么可能呢？经过一系列测试，他发现他第二次只输入了小数点后三位，而第一次输入了六位。他只是进行了非常微小的四舍五入的改变，还不到变量值的千分之一，但是这个微小的变化已被系统放大，最终导致了完全不同的结果。

你们肯定听说过蝴蝶效应吧（蝴蝶在巴西拍打自己的翅膀，可能在得克萨斯州引起一场龙卷风）。好吧，这个概念就是洛伦兹提出的，也就是当他发现实验结果的不可预测性并不是由于错误引起的之后才提出的。

我们再来观察一下钟摆这样的定数系统。钟摆一旦开始运动，我们随时都可以准确预测其位置并计算其速度和加速度。要做到这一点，只要知道钟摆系统运动的初始条件，在这种情况下，也就是钟摆的物理特性，包括摆动的起点和支配它的物理定律。

如果我们再找一个钟摆，将它拴在第一个钟摆的自由端，会发生什么情况呢？虽然我们处理的始终都是一个定数系统，但是在一定的时间间隔后，就很难预测其行为。这是因为该系统对初始条件的变化非常敏感，也就是说，钟摆起始状态的最小变化也会随着时间的推移被迅速放大，从而产生截然不同的运动轨迹[1]。

双摆是一个非常简单而典型的混沌系统，就像洛伦兹的

---

[1] 试试在网上搜索双摆运动，视频效果会更加直观和清楚。

气象模型一样。正是因为洛伦兹的发现，也使他成为了混沌理论的先驱。该理论是研究此类系统的数学分支，并且被广泛应用于不同领域，从气候学到生态学，从经济学到地质学，从交通研究到气体行为研究等等。

你们还记得我前面写过在穆考克多元宇宙中，混沌打破了自然定律吗？好吧，从科学的角度来看，混沌反而是一种因这些定律的相互作用而出现的意外行为，而并非定律不存在而引起的结果。混沌理论向我们揭示了一个定论的宇宙，它受到物理定律的约束，但也容易发生不可预测性和混乱。

当然，我并不是想为难穆考克。他的"艾尔瑞克"系列小说是奇幻文学的里程碑，他设定的魔法与游戏背景也是相得益彰。从叙述的角度来看，他已经完成了所有该做的。我想强调的是，规则的存在并不一定是魔法的障碍。某些现象被定义为超自然的事实并不意味着它们必然违反了故事背景世界的自然规律，而且正如玛丽·布伦南在其博客上的文章中所指出的那样，"魔法当然可能会违反科学的自然规律，但同样地，也可以说是科学违反了魔法的自然定律"。即使在定数的宇宙中，也仍然存在魔法的空间。这一点甚至连普拉切特笔下的神灵卡奥斯都明白，他最终接受了现代理论而变身为混沌，成为了所有看似是随机的但实际上受到宇宙定律约束的事物的象征。

第六章

神灵与金属

✡ 伟大的事业

炼金术有着一千多年的历史，其中融合了泛灵论和宗教的影响、实验方法、哲学概念、奥术符号和冶金学的知识。其历史根源可以追溯到中国、印度和托勒密埃及王国三大古老的文化传统，并结合了精神净化的思想，即金属向黄金（纯净和完美的象征）的物理转化过程对应着精神净化和臻于完美的过程，通过精神净化的过程可以通向永生。这些特征经过重新诠释，也出现在各种小说、角色扮演游戏和奇幻视频游戏中。

在印度，炼金术与密宗和印度教紧密相关，汞和硫分别代表湿婆神和帕瓦蒂神父。印度对矿物质和金属的研究与草药和长生药（吃长生药能够实现蜕变、重生和解放）的制备相结合，使得印度炼金术士积累了丰富的化学和冶金知识。

在中国，炼金术与五行和阴阳之术有关，主要体现在汞和硫、月亮和太阳之间的关联以及金属的阴阳性分类中。炼金术在女性中实践得比较多，它与传统医学有着特殊的关联，形成了两种思想流派：外部炼金术，其重点是通过使用金属、矿物质和其他天然物质来制备长生药；内部炼金术，其目的是通过训练和冥想来获得永生。

在托勒密王朝统治时期的埃及亚历山大城，古希腊与古埃及文化交汇在一起，奠定了炼金传统的坚实基础。其保护神是智慧、写作和数学之神托特（长有鹭鸶头的神）以及理性、商业、文学和变革之神赫尔墨斯。这两个神通常被尊为一体，后逐渐演变为哲学、宗教和深奥流派，也就是赫尔墨斯主义的创始人赫尔墨斯·特利斯·墨吉斯忒斯（“三倍伟大的赫尔墨斯”）。除了赫尔墨斯理论和埃及各类知识外，亚历山大炼金术中还融合了毕达哥拉斯和诺斯替哲学中的许多元素和恩培多克勒的四元素理论（亚里士多德后将以太元素加入其中）。

这一传统的演变还受到阿拉伯世界的影响。阿拉伯学者修复并翻译了许多埃及和希腊的著作。正是由于这些翻译，炼金术在10世纪后传到了拉丁帝国，并在当地众多作家的推动下，在那里深深扎根。这些作家包括大阿尔伯特、罗杰·培根、帕拉塞尔苏斯以及后来的约翰·迪和艾萨克·牛顿[1]等。但是，阿拉伯炼金术士的贡献并不仅限于对古代知识的传播，他们还推动了各种化学技术的发展，例如盐酸、硫酸和硝酸等物质的发现，后来被引入到西方的很多专业术语（包括炼金术一词）以及基于实验（这里的实验指的是在设备器材完备的实验室里进行的实验，主要是多亏了学者贾比尔·伊本·哈扬的努力）的学科方法。

随着时间的流逝，化学已逐渐取代了炼金术。炼金术也与占星术和自然魔法等其他学科一起并入了神秘学领域，失

[1] 是的，就是我们熟悉的牛顿。他掀起了科学革命，提出了运动定律和万有引力定律，还进行了天体轨道和光学方面的研究。正如英国经济学家约翰·梅纳德·凯恩斯对他的评价，他是“最后一个魔法师”。凯恩斯在1936年的一次拍卖会上购买了许多牛顿未出版的文件。这些文件中清楚地体现了牛顿对炼金术和神秘学的热情。

去了许多实践和实验方面的内容，而多了一些精神上的神秘隐喻性质。除此之外，炼金术还与神秘主义、新时代哲学和伪科学实践（例如生物动力学农业[1]）结合在一起。但这已经不是我们感兴趣的炼金术了。

✡ 实验方法

“从历史角度来看，炼金术参与了科学和哲学，特别是诺斯替教派的发展过程。它处在前科学和后魔法之间的中间地带，其诞生是出于构建知识结构和遵循固定步骤的现实需要。”弗朗西斯卡·加雷洛这样说道。她是考古学家和历史档案管理员，也是角色扮演游戏和教学游戏的作者和顾问，“魔法和炼金术之间的主要区别之一在于，首先，魔法的成功取决于魔法师的才能和意志。而炼金术则不同，它需要按照一定的步骤进行。这些步骤以相当严格的方式被记录下来，即使由不同的人来实施，也可以得到相同的结果。”

想象一下，假如你们进行了一个实验，取得了出人意料的结果。在兴奋地到处宣扬自己的伟大新发现之前，你们应该理智地确认下这个结果是不是有运气的成分，或是由于所用器材起了特别的作用，抑或是其他什么原因引起的。谁也

[1] 这里不能与生物农业的概念相混淆。生物动力学农业的灵感来自于奥地利哲学家和神秘主义者鲁道夫·施泰纳的思想，其基础是神秘的星空力量的存在以及特殊的施肥方式，诸如臭名昭著的牛角粪肥（塞满粪肥的牛角）。

不知道，也许是细颈瓶的瓶壁上残留有先前实验中使用过的某种化学试剂，又或者是搅拌制剂的勺子上生出了一些锈迹。

那怎么办呢？很简单，你们要多重复几次实验：使用同一组实验器材多做几次，然后更换新的器材再多做几次，甚至还可以由在另一个实验室工作的其他人来完成。只有这样才能最终确定实验的结果是可信的，才能放心地开始庆祝。

1934年，科学哲学家卡尔·波普尔在《科学发现的逻辑》论文中写道："单一事件，如若不可复制，对科学就没有意义。"在同一篇文章中，波普尔还解释说："原则上，只有当某些事件按照规则或规律重复发生时，例如在可重复实验的情况下，我们的观察结果才经得起任何人的检验。在我们重复实验，反复核查实验结果之前，我们都不能够完全信任这个结果，也不能接受它们作为最后的科学结论。只有通过反复多次的实验，我们才能确信我们的发现不是简单的某一次的'巧合'，而是由于其规律性和可再现性，原则上可以经受主体间检验的事件。……实际上，在科学上有意义的物理结果应该是任何人按照同样的实验方式完成相应的实验都可以复制的结果。"

因此，可复制性是科学的基本要素，它起源于炼金术士的作品（其中一些实际上也已经被当代科学家们所复制），但同时又与其作品中所包含的神秘象征意义和所灌输的神秘隐喻相冲突。其实，就像魔法师和巫师都小心翼翼地隐藏自己的知识一样，很多炼金术士都嫉妒他们的研究，也避免与他们共享自己的研究成果。必须要提的是，可重复性对于魔法师来说也很重要，否则就不会有魔法卷轴和魔法书了，但这并不意味着魔法的效果就与施法者无关。施法者的才能始终是影响魔法效果的重要因素，而且各类故事中，都不乏能力不足的人使用了魔法公式和奥术书而引起的事故，从《魔法师的学徒》中的米老鼠[1]到《黑暗军团》里的灰烬皆是例证。

✡ 太科学了，太魔法了

“炼金术遵循的是研究、习得和完善步骤的过程，这与科学方法相同，”加雷洛补充道，“因此，作为奇幻迷，我认为这也是构建魔法结构的理想方式。所谓的构建魔法结构，指的就是，确定魔法师在特定环境下能做什么或者不能做什么。魔术能量从何而来？它会产生什么样的效果呢？”

加雷洛还说道：“布兰登·桑德森的《迷雾之子》就是炼金术魔法的一个很好的例子。”它基于三种金属炼金术：熔金术、藏金术和血金术。熔金术的术士们能够使用一定量的金属来获得某种效果，且该效果取决于所用金属的类型。例如，锡可以增强感官，而使用黄铜可以平息他人的情绪。使用铁则可以将特定物体吸引到身边来，而使用钢则效果相反，因此，如果所涉物体比熔金本身还重，那就是术士自己被吸引过去或是被推开了。这意味着还有可能得到“飞行”的效果。

熔金术的技能主要是靠家族遗传，但也可以通过其他罕

[1] “好的，这就完成了。冷静，别慌，一切都正常，我也念过咒语了。念过了！”

见的方式激活。而藏金术却只能是遗传性的，与特定的人群有关。藏金术也要消耗金属，但是方式不同，它是将金属中的各种特性储存起来。只要金属与术士的皮肤接触，该金属的特性在日后便能为术士所用。藏金术士可以积累锡的体力、黄铜的体热或黄金的健康，并在必要时利用这些技能，从而让自己变得更有力量，能够抵御寒冷或使伤口愈合。

最后是血金术，这是三种炼金术中最稀有的，它与血液有关，可以让术士从另一个人手中夺取力量，并将其转移给自己。使用锌，术士可以利用他人的情绪稳定性；而使用青铜，则可以窃取他人的熔金术能。但是，这些能力的转移都无法逃脱血金术的衰减定律：每一次转移，力量都会有所损耗。就像熵一样。事实上，血金术与《迷雾之子》世界的两神之一“毁灭”有关，顾名思义，旨在破坏和衰变。熔金术则起源于另一个神灵“保存”，旨在保持万物不变和至善的状态，而藏金术则与“平衡”有关。

因此，桑德森（在成为作家之前曾研究过生物化学）发明的三种炼金术是将精神和宗教元素与一系列可重复过程相结合的学科，该过程的基础是有形且可量化的材料。加雷洛评论道：“我认为该系统运作得很好，因为它是科学的，它要求精神的高度集中并遵循逐步完善的程序。除此之外，它还基于炼金术士所具备的另一个特质——他们在工作中经常要使用定量的具体元素，这使得他们更像是科学家而不是魔法师。而魔法通常是不需要材料的，只是单纯基于意志和咒语。它具有强大的功能，尤其是在一个几乎没人有读写能力的世界中。炼金术士则倾向于直接利用材料及其元素，像一个造物者一样来操纵它们。”

桑德森构思的魔法系统其实就是炼金术的世界，既实用又概念化。《钢之炼金术士》也是如此，但是荒川弘的这部漫画中，它的背景却是另类的后工业世界，炼金术被认为是一门遵循等价交换定律的科学（为了获得或创造某种东西，你需要付出具有相同价值的其他东西作为交换的代价，除非你有点金石），并能够赋予人类与超级英雄的能力相当的技能。

总的来说，这种炼金术的魔法系统非常罕见。炼金术通常被认为是次要的学科，其原因因环境而异。在美国作家斯科特·林奇的《绅士盗贼》传奇故事中，真正的魔术从业者都聚集在行会中，由行会以高价出售自己的服务，并维持着垄断地位，以同化或摧毁所有其他形式的巫术。所有，但不包括炼金术。炼金术除了是一门古老的化学，也有一些与魔法相关的地方，只是还不足以让善妒而危险的魔法师们担心，再加上炼金术的科学方法尚未体系化，而且炼金术士们彼此之间也根本不愿意交换信息。林奇在他的网站上解释说：“当每个人都不得不亲自尝试才能发现喝硝酸银是一个坏主意时，要让科学一代代地发展下去是很困难的。”同样在大卫·艾丁斯的《圣石传奇》中，炼金术也被认为是一门科学，而不是一门魔法艺术，书中强大的魔法师贝尔加拉斯也并没有太重视它。

因此，在这种情况下，炼金术中类似于科学的成分限制了炼金术本身，使其与真正的魔法相比，显得不是那么强大。相反，在小说《冰与火之歌》中，炼金术士们也组成了炼金术公会。该行会的力量随着学士会的出现及其科学知识的运用而逐渐被削弱。但是，余下的炼金术士们还有着“火术士”的外号，可以炼制野火（一种类似于希腊火和凝固汽油弹的火焰），因此，最好还是不要轻易惹恼他们。炼金术通常要用到极易燃烧的材料，这是一个相当普遍的常识，就连作家特里·普拉切特也从中汲取了经验：在他的小说《碟形世界》里，鉴于炼金术士潜在的爆炸倾向，最好不要住在炼金术士的行会附近。

在一些对战斗场面非常重视的视频游戏和角色扮演游戏中，炼金术就成了一种辅助能力，一种为了生产各种药水和物体（和炸药）所必需的能力，但不及经典魔法更适用于战斗之中。因此，炼金术士通常是帮助主人公的商人或其他角色。参加战斗的炼金术士案例不多（例如探索者角色扮演游戏），其技能基本都是使用药水来提高体力或是投掷真实手榴弹来御敌。那些对战斗兴趣不大的人可以试试背景为中世纪欧洲的游戏《魔法艺术》，在里面可以管理自己的炼金术实验室，或者也可以尝试下游戏《未知军团》，在那里可以扮演后现代版本的炼金术士，日常就是混合各种金属和药物。角色扮演游戏《普罗米修斯：被创造者》的角色都是通过分解并重新组装尸体并复活的方式来创建的（就像魔像或《科学怪人》里的怪物那样），其中也充满了炼金术的概念，从希波克拉底和加伦的体液理论到蜕变的力量，从圣坛（物质上或精神上的熔炉，用来净化金属和自己的灵魂）到伟大的事业，也就是获得人类的灵魂。游戏《崇高》里有一个特殊的例子：在各种不同的“崇高者”，即具有超人力量的群体中，也有炼金术士的存在，他们是原始角色奥拓克顿的门徒，是用五种魔法材料制作而成的。这里说的不是真正的炼金术，而是技术魔法，有关这一点我将在下一章中专门讨论。那么现在是时候来谈谈魔法金属了。

✡ 狼人和微生物的克星

如果说金是通过炼金术能达到的完美和永生之境的象征，那么就金属神秘的魔法特性而言，银没有哪里比不上金的。所有人也都知道银是杀害狼人必不可少的利器，而且用它来对付女巫、吸血鬼[1]和一般意义上的邪恶实体也非常有效。吸血鬼猎人布莱德对此非常清楚，他甚至配备了银质长剑，而不是通常的白蜡树材质的武士刀。野蛮人柯南也知道这一点，因此在故事《特拉尼科斯的宝藏》中，当他与魔鬼对抗时，他知道用自己的钢剑杀不了魔鬼，于是便使用银色烛台痛击魔鬼，然后再用火将其烧死。《战斗幻想》系列游戏书的某几个主人公也懂得要使用银色武器来摧毁幽灵。在斯蒂芬·金的畅销小说《死光》中，主人公是一群看过大量有关狼人和吸血鬼电影的小朋友，他们受到电影的影响，利用银质物质打败了企图迫害他们的怪物。

银的净化功能有着神秘的起源：腓尼基人将水保存在银瓶中，医学之父希波克拉底建议将其用于伤口的治疗，伊斯

[1] 银通常用来制作镜子，而这些镜子照不出吸血鬼。

兰学者阿维切纳用它来净化血液。在17世纪，它被用于治疗癫痫和霍乱；20世纪之初，人们一直使用银线来缝合伤口以减少术后发炎和感染的风险；只是后来随着抗生素的出现，其作为消毒剂的用途才逐渐减少。它并没有消失，相反，它仍被用于滴眼液的制备，以预防新生儿结膜炎，也被用来制作治疗烧伤的药膏和绷带（尽管它在这方面的有效性曾经受到过质疑），并作为消毒剂在从游泳池到食品业的各个领域中使用，且通常与过氧化氢搭配使用。

银及其化合物的毒性不及其他重金属，但过量使用仍会产生严重的问题，例如肠胃炎、呼吸暂停或贫血。一些长时间暴露在银粉末环境下的工人容易患上一种被称为银质沉淀症的疾病。这种疾病会改变皮肤的颜色，使皮肤呈灰蓝色，在某些情况下还会导致肾脏问题和夜间视力下降。

银还被认为是引导魔法能量的有用金属。在黑色电影风格的奇幻小说《侦探加勒特》中，巫师要利用银来施展法术（尽管书里面从未解释过他们是如何做到的），这就是为什么康塔尔德矿山一直是好几代巫师战争中的必争之地。在《万智牌》中，除了摧毁狼人和吸血鬼外，银还可以用来引导白色或蓝色的法力。

“在电和热的传导方面，银是最好的金属。或许正是由于银的这种特性才激发了作家将其作为魔法引导的灵感。”斯蒂法诺·扎佩里这样解释道。他在米兰大学教授物理学，并从事材料性质和结构方面的研究。鉴于银作为导体的这种特性没有古老的历史根源，并且近期才出现在虚构小说领域，因此扎佩里的这个假设还是比较可信的：“而真正没有意义的假设其实是完全用纯银制成武器的想法，因为银的硬度比钢更软，因此银质刀具的刀锋比较容易磨损，而且还容易断裂。”

1812年，德国地质学家弗里德里希·莫斯提出了一种根据硬度对材料进行分类的标准，即材料具备的不被划伤或划伤其他物体的能力，并确定了1（相当于滑石粉）至10（相当于金刚石）之间的数字作为材料的硬度等级。每一种材料都能够划伤比自己硬度低的其他材料，但同时也会被硬度比自己高的其他材料所划伤。那么，银的硬度为2.5，大于铅和锡（1.5），但小于铜和青铜（3）、铁（4）、钢（在4至5之间）或钛（6）。

鉴于作家萨普科夫斯基一直对科学性质的灵感非常感兴趣，因此，如果《巫师》中的杰拉特和其他巫师（他们是怪物猎人，别忘了）随身携带的银质佩剑是由金属合金（合金中包括银）或是钢材加上银镀层制作而成的话，那我们也不必感到惊讶了。在第二版《龙与地下城》游戏中，银质的武器有可能会发生弯曲或断裂，但此规则在3.5版本的游戏中又消失了。不过在3.5版本游戏的钢质武器中新加入了银的材质，使其在对抗某些生物时具有致命性，但同时也可能会造成反噬的效果。在最新的第五版游戏中，规则又再次发生了变化：不再有反噬的惩罚，而是在为钢制武器镀银的过程中需要考虑一定的成本，不仅要考虑白银的价格，还要考虑在不降低银效果的前提下将其添加到武器中所需要的时间成本和技术成本。类似的规则演变更多地是根据平衡游戏机制的需求而决定的，而不是出于对科学真实性的热爱（这肯定不是《龙与地下城》优先考虑的方面）所决定的，但是作者可能在构思银质武器某个缺点以平衡其效果的过程中，也受到了这种金属真实特性的启发。

从天铁到碳的同素异形体 ✡

奇幻书籍、奇幻电影、奇幻游戏和奇幻漫画中都充斥着具有非凡魔法属性的材料。银也许是奇幻作品中最常见的被赋予了这种特性（也是由于银自身的特性和历史所决定的）的真实金属（即现实中真实存在的金属）。

另一个真实的案例就是陨铁：《黑暗物质》中熊的盔甲，《碟形世界》中死神的马蹄，还有很多的剑：包括《精灵宝钻》中的安格拉赫尔剑和安格乌雷尔剑，《圣石传奇》中历瓦国的国王的佩剑，《冰与火之歌》中戴恩家族的黎明剑，《龙骑士》四部曲中龙骑士的佩剑等等，都是用陨铁锻造而成的。在一些关于亚瑟王系列的小说中，例如《阿瓦隆迷雾》和《最后的军团》中，甚至是传说中的断钢剑也被认为是用这种材料制成的，尽管这并没有历史依据。

《巫师》中的巫师们，除了拥有银剑之外。还有一把陨铁剑，剑中充满了陨星坠落到地球之前，穿越元素异界和元素半异界所累积的魔法能量。至少巫师他们自己是这样说的。杰拉特在《暴风季节》里向他的朋友兰奴克罗透露说因为地球上的铁与陨铁并没有什么不同，所以许多巫师通常还是会使用普通的钢剑，之后他又继续向兰奴克罗解释道：“我更希望他们认为我是一个使用超自然武器的超自然生物。”

陨铁是人类最早使用的铁材的来源，最终被铸成诸如阿提拉和塔梅拉诺等伟大战士的剑和一些阿兹台克首领的剑刃（尽管他们的冶金学比欧洲要落后得多），也有可能是麦加神庙中的黑石的成分。然而，除了它是从天上掉下来的事实外，它的化学和物理特性并不能解释有关它的神话。

如果我们把银、天铁以及其他个别金属排除在外，大部分的魔法金属都是虚构出来的，从《克苏鲁神话》中出现的外星球的铜到《冰与火之歌》中的瓦雷利亚钢，从《巫师》里可以抑制魔法力量的反魔法金属到《魔兽世界》里可以抵抗自然魔法、被巫妖王用来建造堡垒的萨隆邪铁。

其中最有名的魔法金属无疑便是秘银，它最初是由托尔金创造出来的，后又被换了名字（它和霍比特人或巴尔罗格不同，它没有注册商标），反复出现在各种游戏中，如《上古卷轴》《暗黑破坏神》《魔兽争霸》《龙与地下城》《无尽的任务》等。秘银极为稀有和珍贵（其价值是黄金的十倍），仅在莫里亚的矮矿中被发现过。它具有银的外观，但不会氧化且不会失去光泽。总之，它具有获得完美金属称号的所有资本。扎佩里告诉我说：“秘银具有延展性，因此易于加工。它重量轻，但具有比硬化钢更高的结实度，且非常坚韧，也就是说，它能够轻松吸收所受冲击的能量。开发出这种金属对于材料科学领域的研究人员而言将是巨大的成就。

“问题就在于秘银的这些特征中有一些是相互矛盾的。比如，材料越硬，也就是越不容易擦伤和产生凹痕的金属，其延展性也就是变形的能力就越差。此外，硬度也不同于韧性：

像秘银这样的金属是不存在的，并且它的特性不仅仅只来源于它的物理、化学结构。它之所以如此，就是因为它是有魔法的。

例如，某些陶瓷的硬度足以划伤钢，但由于韧性低而容易断裂。另一方面，重量取决于体积密度，较高的密度通常对应较大的坚实度，即在破裂前可以承受的最大载荷，这就是材料在轻巧的同时很难兼具结实耐久特性的原因。”

有几种真实存在的金属也具有秘银的某些特性，但不可能是全部。以钛为例，它的坚实度相对于它的重量来说是非常高的，但钛金属本身难以开采且使用效果不佳。正如亨利·吉在《中土科学》中解释的那样，在受到长矛枪猛烈攻击的时候，钛金属制成的锁子甲就不如佛罗多穿的秘银外衣坚固。亨利·吉假设的另一种候选金属是钇和银的金属间化合物，但是它完全是合成出来的，并且最重要的是，它可能含有剧毒，的确不是可供英雄穿戴的理想材料。

“石墨烯可能是一种可供选择的解决方案。”扎佩里建议说，“它是我们目前所知道的最坚固的材料，并且超薄、易弯曲，还非常轻。”

《钢之炼金术士》的反派角色格里德也是这么认为的。他可以重新排列体内的碳原子，将自己的皮肤转变成石墨烯（这种能力使他获得了“完美盾牌”的称号）或是将自己的指甲转变成金刚石一般能够切割岩石和金属的剃刀。在漫画中，主人公爱德华设法通过炼金术将格里德身上的石墨烯转化为石墨，使其变得不堪一击，并以此打败了他。

这些材料都是碳的同素异形体即碳元素存在的不同结构形式：在金刚石中，碳原子呈四面体晶格排列，而在石墨中，它们呈六边形晶格的层状结构，类似于蜂巢的结构。石墨烯是单层石墨，只有一层碳原子结构，从而具备了许多特殊的物理、化学性质，使其成为备受人们喜爱和研究的材料。除了扎佩里列出的那些特性以外，石墨烯还有一种特别的功能：在遇到集中在某一点上的暴力冲击例如子弹和长矛的攻击时，它具有通过吸收其能量，将其分散在自身表面上来抵抗冲击的能力。如果是两层石墨烯叠加，那么即使是金刚石也无法将其划伤。

如果我们再叠加更多层的石墨烯呢？会不会同样坚固呢？事实并非如此，情况发生了变化，因为双层石墨烯具有独特的机械性能。它的保护作用在极限小的情况下效果最佳，但真正做成盔甲就不一定有同样的效果了。扎佩里解释说："石墨烯的问题是它的易碎性，这一点与陶瓷类似，而事实是，很难用石墨烯来创建稳定的三维结构。" 更不用说它本身并不存在于自然界中，而且加工起来也没那么容易。

简而言之，我们不得不承认：像秘银这样的金属是不存在的，并且它的特性不仅仅只来源于它的物理、化学结构。它之所以如此，就是因为它是有魔法的。这样的判断实际上也适用于所有出现在奇幻故事（以及一些科幻小说）中的其他虚构材料。在这些故事中，重要的是某一元素产生的效果而不是其功能发挥的细节。例如，在故事中以各种形式出现的艾德曼合金，从克洛努斯斩杀其父亲乌拉诺斯时使用的镰刀到珀尔修斯砍下美杜莎头颅时所用的剑，一直到在漫威漫画中金刚狼的坚硬骨爪。与金刚石（金刚狼的名字就是来自于金刚石）相比，这种合金不仅更加坚硬，而且具有更高的韧性。现实中存在的跟它最相似的物质可能就是碳化钨。碳化钨非常坚硬（其莫氏硬度为9），但也很重（介于铅和金之间），受到重锤也会破碎。

黄铜——高密度黑色金属——大量存在于碟形世界中心的地壳之下。它通过产生大量热量来对抗强大的压力，从而影响了许多地质过程。这种金属非常不稳定，以至于只能在魔法世界中存在，并且它还能够散发出危险的纯魔法[1]。

你们能在现实世界中找到与它类似的东西吗？我找不到。

✡ 雷电和引力子

我还想跟大家再分享一种虚拟金属，那就是乌路，雷神托尔的锤子姆乔尼尔就是用乌路锻造的。在漫画，而不是北欧神话中，乌路实际上是斯坦·李[2]的弟弟，也就是漫画家赖瑞·理柏和罗伊·托马斯共同构思出来的金属，与奥丁及其同伴的传说无关。

这种金属具有极强的耐受力，（几乎）坚不可摧，只能在极端温度下进行加工，例如恒星中心或阿斯加德熔炉所能达到的温度，并且由于乌路对魔法的天然亲和力，很容易就

[1] 从技术层面来说，它们被定义为陶姆辐射。陶姆是《碟形世界》魔法能量的基本单位，与变出一只白鸽或三个台球所需的魔法能量相对应。一些学者发现，每个陶姆单位都是由雷索尼共鸣构成的（相当于我们的夸克），而雷索尼又来自于五种香料的混合：上面的、下面的、侧面的、性感的和薄荷醇。是的，这是《碟形世界》奇特的地方。

[2] 可能还有少数读者不认识他，我这里再做一下介绍：斯坦·李是漫威漫画中众多著名超级英雄，如蜘蛛侠、X战警、神奇四侠和绿巨人的发明者。

可以对其施法。在漫威宇宙中，有许多用乌路制成的武器和装甲，从奥丁的长矛到托尼·史塔克的“雷神反浩克”装甲，但其中最著名的无疑还是雷神之锤。多亏有了这种武器，雷神才可以投掷闪电、控制天气以及飞行，当然还可以击败任何与他背道而驰的人。此外，只有那些配得上雷神之锤的人才有资格挥舞它并运用它的力量，其他人（可以这么说，几乎其他所有人都不行，因为能挥动雷神之锤的人，用两只手就能数得过来）甚至连拿都拿不动它。

正是最后这个特征（特别是在《复仇者联盟：奥创纪元》的预告片中所体现的那样）引起了明尼苏达大学物理学教师、超级英雄物理学作家詹姆斯·卡卡里奥斯的好奇心。卡卡里奥斯一直在思考，当没有资格的人握紧雷神之锤的时候，锤子是如何做到不为所动的。它不是一味地变得特别特别重（如果是这样，那么将会导致锤子所放置的物体表面发生塌陷），而只是恰到好处地增加适当的重量，与试图举起它的人的力量相当。根据美国科学家的说法，这是有可能的，因为乌路能够发射引力子。引力子是一种无质量的基本粒子，可以介导重力，就像光子可以介导电磁辐射一样，但它的存在还只是个假设，并没有得到验证。因此，引力子的发射受到锤子的控制，允许锤子的重力发生暂时性的变化，使得自身的重量与试图举起锤子的人的力量相当。

漫威系列似乎非常喜欢引力子这个假设，以至于在2013年出版的一本连环画中，一位像布鲁斯·班纳（当他生气的时候，就会变成绿巨人）一样的天才科学家明确引用了卡卡里奥斯的话，声称该假设是“他最喜欢的关于雷神之锤的科学理论”。班纳还援引了卡卡里奥斯的另一个想法即可以通过先进的传感器来识别有资格挥舞雷神之锤的人，该传感器能够分析手持武器者的生物特征和心理特征。因此，姆乔尼尔的使用是矮人国极其先进的武器锻造技术（雷神之锤是由矮人国王伊特里锻造的）与乌路金属特性共同作用的结果。

在对雷神之锤力量的魔法解释中，还增加了另外一种伪技术，该技术是受到一位热爱漫画的科学家的启发后被作者采用的。这项技术也带来了更重大的变化，涉及整个阿斯加德，我将在下一章中进行讨论。

第七章

技术魔法的兴起

✡ 神话与科幻中的阿斯加德

在北欧神话中，阿斯加德是众神的住所，分为十二宫殿（包括瓦尔哈拉宫殿，在战斗中被杀死的勇士们死后都会去那里），并通过巨大的彩虹桥与米德加德，也就是人类世界相连。漫威电影也充分利用了这一意象，将其改造后融入到《X战警》《复仇者联盟》和许多其他超级英雄生活的复杂宇宙中。1962年，阿斯加德首次在漫威系列中亮相，之后便经常变换外观，从更接近于经典奇幻风格的场景（由中世纪的建筑和大型塔楼构成）过渡到外星球和未来主义风格的世界。但是它的地理位置始终保持不变：一个扁平的小行星，大小与美国一样，漂浮在另一个维度的所谓的太空海之中，海面上还聚集着阿斯加德人的船只，类似于维京人的船。

正是随着漫威电影的发展，众神之城的外观才逐渐尘埃落定：它拥有绝对的科幻风格的建筑，配备有守城的激光大炮和船只（不再与维京海盗有任何联系，各个方面都与飞船类似）。彩虹桥变成了一个大型运输系统。通过该系统可以创建虫洞即连接时空点的假想隧道，可以将人和物体传送到数百万光年之外。

那么乌路在哪里呢？在尼达维勒，这是和阿斯加德、米德加德同属北欧神话的九个世界之一。那里有矮人和冶金专家居住的高山和洞穴。在漫画中，尼达维勒世界的风格和概念也发生了变化，尤其是在矮人铸造厂的技术方面。漫威电影中的尼达维勒甚至变成了一个巨大的人造环，其结构基础是一个被称为奥尔德森碟盘的假想的巨型天文结构，围绕着一颗中子星在旋转。

但是阿斯加德的概念没有改变：它始终是神灵的故乡，尽管他们总是在旅途中，从一个世界旅行到另一个世界，凭借自己神奇的力量完成超人的壮举。这些神奇的力量处在不断进化的过程中：从单纯的简单魔法到科学与魔法的混合，再到极其先进的技术。正如雷神在电影中对人类简·福斯特所说的："你们的祖先称其为魔法，而你们称其为科学。在我的家乡，它们就是一样的东西。"

在这里，我们并不是在讨论科学和魔法之间的中间地带，就像在上一章中看到的炼金术一样，而是在谈论关于什么是魔法和什么是科学的理解。

魔法在看客的眼中 ✡

托尔金在《指环王》中也谈到了这个话题：当霍比特人到达洛林森林时，他们曾两次向居住在那里的精灵询问其魔法解释。问题就在于，霍比特人使用这个术语来表达自己理解范围之外的所有事物，从纳兹古尔的黑暗魔法到甘道夫的力量（包括他的烟火）。但是对于精灵族来说，事情不是这样的。在他们看来，像凯兰崔尔的占卜镜、吃了之后非常抗饿的行路面包[1]或是能够自己解开的结实绳索等物品，都是数百年来积累的知识和技术的产物。精灵的“魔法”是一种极为复杂的技术，通常难以察觉，与自然和谐共生[2]，因此在单纯的霍比特人眼里，它就是如同魔法一般神奇的存在。对于那些读者来说，托尔金也没有向他们解释这些人工制品是如何生产出来的，从而也保留了它们的神秘感。

托尔金能够这么做，是因为读者只需要了解精灵族的技术是如何实现其可预见用途的就足够了，我们不需要知道使之成为可能的科学原理是什么。从叙述的角度来看，罗琳的精灵送给魔戒团契成员的礼物与Q在每次执行任务前给詹姆斯·邦德送的小玩意没有什么不同：它们都是“契诃夫的枪”[3]，迟早会用来解决戏剧性的情况。如果我们将前者视为魔法，后者视为技术，那么仅仅是因为后者更加接近现实。后者本身还受到插入这些人工产物的上下文语境以及描述它们的语

[1] 也叫兰巴斯，能够保持新鲜状态数周。一块兰巴斯可以支撑一个成年男子一整天的能量。莱斯特大学的学生小组计算出它的卡路里含量，一块兰巴斯的热量大约有2638.5大卡。大家可以对比一下我们熟悉的食物的热量，比如每100克花生酱的热量为539大卡，每100克猪油的热量为891大卡。

[2] 托尔金经常被描绘为进步与技术的敌人，但就像亨利·吉在《中土科学》中所表述的那样，仔细阅读托尔金的作品，可以看出作者对技术的看法是中性的。就像萨鲁曼（在巴尔贝罗看来，萨鲁曼“具有金属和齿轮的头脑”）所做的那样，技术可以被利用在出于战争的目的和破坏野生环境的暴力工业化过程中；但也可以像精灵一样，使用技术来重整他们所居住的环境，比如唤醒树木或是教它们说话，既不滥用环境，也不破坏生态。根据亨利·吉的观点，托尔金的精灵族会毫不犹豫地使用转基因生物体，不是为了赚钱，而是为了进步和发展。

[3] “如果在第一幕中出现一支枪，那么在下一幕中此枪必开；否则，就不会把它放在那儿了。”俄罗斯作家和剧作家契诃夫如是说，意思是故事的每个要素都必须具备其叙事功能。

言的影响。正如科幻小说家所熟知的那样，有时使用一个科学或伪科学术语就足够了，这足以使某个超高科技的工具变得可信。科幻批评家和历史学家达科·苏文将这种术语称之为真实性验证。而托尔金选择不使用任何术语，而是创造出自己的魔法。他就像一个魔术士，只要始终没人知道这种把戏，他的魔术就会一直成功下去。

请注意，我并不是说魔法只有在不解释魔法机制的情况下才具有叙事效果，但是，不作解释的确会给作品带来一些神秘的光环。特别是当主人公们（例如霍比特人）对此也不太了解，并且被他们周围的某些不可想象的力量所吓倒时，神秘的光环就会发挥作用。

遥远的技术 ✡

杰克·万斯在“濒死的地球”系列中提出了解决该问题的另一种方法。他的故事设定在一个非常遥远的未来，那时的太阳已接近生命周期的尽头，我们的星球已变成典型的奇幻场景，充满着缺失的古老文明、诅咒、魔鬼和怪物。魔法师，尤其是非常强大的魔法师能够隐身、杀死其他生物、改变空间、前往其他世界、延长自身的寿命。他们的奥术基础中，存在着一门已经丧失过半的古老知识——数学。正如在《米尔的图亚安》那一章中，强大的潘德洛姆向他的徒弟图亚安解释的那样，数学“的基础是宇宙天体物理学公式。它本身是没有活动力的，它不是魔法公式的纲要，却可以解释每一个问题，可以用来描述时间和空间的奥秘。古老地球的魔法师的秘密以及他们的符号，只要它们被编码进魔法的马赛克中，就都是基于数学的基础”。在这种情况下，似乎隐隐约约还是存在着某种科学的解释，但是对于在濒死地球上的魔法师来说，数学兴起的那个年代已经非常遥远，而且大部分内容都难以理解，因此也很难把它和魔法区分开来了。

2012 年，游戏设计师兼作家蒙特·库克从万斯（还有其他作家，包括吉恩·沃尔夫和迈克尔·莫考克等，这些作家的作品都与“濒死的地球”有类似的背景设定）的作品中汲取灵感，完成了他精心筹备多年的作品，创建了一个看起来是奇幻作品的背景，但实际上可能是科幻作品的设定，也可以说是一个看起来科幻实则可能是奇幻的设定。这个作品就是角色扮演游戏《扭蒙拉之潮》。通过这个游戏，玩家可以体验到发生在遥远未来的地球上的冒险。在那里，文明经历了从出现、没落到最后消失的过程，只留下了废墟残垣、碎片和部分保存完好的制成品。从文化和技术的角度来看，未来社会的居民和中世纪时期的民众一样，他们不知道这些人工制品的真正作用或目的是什么，但他们知道这些东西或多或少能够产生的奇怪效果：从无缘无故飘浮的立方体，到无处不在的、开阔了先知和疯子视野的数据网络（无线网络和多维网络的交织）。

2014 年，意大利语版的《扭蒙拉之潮》发布之际，库克在采访中告诉我：“我爱科学，尤其是科学理论和最具创新性的思想。我为量子计算机、纳米技术、生物技术而着迷，我一直很喜欢将超自然元素与因果原理叠加在一起的想法。魔法基于与某种信念有关的行为，无论是念咒、召唤神秘力量还是向众神祈祷，作为魔法师你都必须相信它。这些信念与技术无关。如果我触摸了智能手机的屏幕，手机做出相应的反应，无所谓我相信或不相信。如果事情发生在某个对该项技术如何运作一无所知的人身上又会怎么样呢？然后，也很难想象有人去'相信'[1]某种设备的运行，甚至认为它是具有魔法的。"

克拉克第三定律 ✡

1973年，作家亚瑟·克拉克总结了一条非常流行的定律："任何足够先进的技术都无法与魔法区分开。"库克在《扭蒙拉之潮》的介绍中也提到了这一点，当然，开发了漫威电影宇宙的阿斯加德的作者们也很清楚。虽然托尔金和万斯的作品都是在此之前的（两者都是20世纪50年代的），但是

[1] 艾萨克·阿西莫夫在"基地"系列的第一本小说中提供了此类"信念"的最好例子：端点星上有着非常先进的科学知识，被邻近行星的居民认为是不可思议的。随着银河帝国体系的崩溃，端点星在技术方面也逐渐倒退。星球市长利用这一信念创建了科学教堂，通过该教堂运行一项技术援助计划。借助该计划，其他星球可以建造核电站、医院和军事基地，但是这一切都要依靠在端点星接受过培训的技术员来完成。

两位作者显然也已经察觉到了[1]。

尽管这四个案例彼此完全不同，但它们全部都运用了克拉克定律：其魔法效果都是基于技术起源与使用之间的巨大差距。这个差距可能是时间上的，例如“濒死的地球”或《扭蒙拉之潮》，也可能是由于开发者与单纯的使用者之间的身份差距：事实上，阿斯加德的神灵是神性的，《扭蒙拉之潮》中某些已故的文明是外星人的文明；而托尔金的精灵族在生理、心理和精神上都与人类不同，尽管他们都是众生万物之父伊露维塔的孩子。

即使在理查德·摩根[2]的奇幻三部曲《英雄之地》中，魔法也是人类以外的某些外来生物所特有的。例如，德温达，它们与精灵族有很多共同点：拥有奇异的力量，同时也是不朽之身，生活在另一个维度；还有基里亚斯，它们拥有与人类相似的外表和更加先进的技术知识，被当作是巫师，并且它们决定放弃这个世界，以避免卷入领土争端。其中的一个主人公（一半是人）以及一些著名的生物，例如舵手，都属于基里亚斯族。然后还有颇受马贾克游牧民族尊敬的黑暗法庭诸神，他们能够传递幻象，改变现实，还能进行远距离移动。

[1] 此外，早在1942年，美国作家利·布雷克特就在《瑞亚诺的魔法师》一书中写道：“对于无知者来说是魔法，对于学者来说是简单的科学。”这个想法肯定是有出处的，但是要在历史长河里确定其准确的来源总是很困难的。不过，可以肯定的是，克拉克的定律是最能概括这个概念，并且也是最成功的。

[2] 科幻小说作家，他的作品《副本》被网飞公司改编成电视剧。这部小说主要围绕这样的中心思想即个人的性格可以存储在数字媒体上，然后从一个身体转移到另一个身体。

可以将这些超自然元素归因于神秘的奥术力量，也可以从技术角度对其进行定义。例如，黑暗法庭的成员也被称为阿恩–福伊，这个词让人联想起《副本》三部曲中的恩沃伊军事机构，除此之外，各个神灵的名字也让人联想起科幻小说中的某些人物。同样，基里亚斯可以被看作是配备了最先进技术的外星宇航员，而舵手则是人工智能。摩根本人在几次采访中都提到了这两种可能性，并强调说，连他也不知道哪一种是正确的，因为毕竟这也无关紧要：无论是神秘主义的还是科学的，他的魔法始终都是有效的。

由于作品中也出现了时间和空间距离的概念，因此克拉克的第三定律在这里也起到了一定的作用。所有这些都利用了古代宇航员的神话，或者说来自另一个星球的文明给人类发展带来了强大的推动力。科幻小说中反复出现的叙事手段也在其他类型的文本中找到了发展空间，从霍华德·菲利普斯·洛夫克拉夫特的《克苏鲁神话》到凯·阿尚特·威尔逊的《旷野的巫师》和《蜂蜜的味道》，故事背景都设定在非洲世界。在那里，古代外星访客的后代被认为是半神的起源，科学和知识的力量将他们与普通的凡人区分开来。

到目前为止，我们所看到的例子，其基础都是科幻技术与其魔法解释之间存在的巨大差距。那么是不是一定要存在这个差距呢？

从某种意义上说，并不是，正如查尔斯·斯特罗斯在“清洗部”系列小说中所展示的那样，魔法不过是应用数学而已，后来这个观点在万斯的作品里又迈进了一大步。“清洗部”系列小说以21世纪的地球为背景，将洛夫克拉夫特的恐怖宇宙与连·戴顿的间谍故事相结合。清洗部是一家英国政府机构，很少有人知道它的存在。该部门主要负责与（中世纪巫师所说的）恶魔或亡灵相关的事务。通过几何和计算机的算法配合，这些恶魔或亡灵可以自发地被释放。这是主角之一的鲍勃·霍华德在《暴行档案》中讲述了他获得职位的过程："之前根本没人注意到我，直到我设计出几何曲线的迭代方法来召唤奈亚拉托提普[1]，为此我差点误把伯明翰夷为平地。那时，他们才为我提供了科学专家顾问的职位，明确表示他们不接受'不'的答复。"

斯特罗斯不但没有增加技术与魔法之间的差距，反而减少了这个差距，同时提供了许多可能性的解释，发明了诸如图灵－洛夫克拉夫特等定理，深入探讨了技术细节（有时候也讨论得过多），试图使他的魔法系统更加稳固而连贯。除此之外，还有政府官僚机构的不断嘲弄、预算范围、授权要求和上级命令都构成了难以跨越的阻碍。这些麻烦，比起那些迫不及待来地球捣乱的外星生物来说，也没有容易多少。这方面的内容，加上第一人称叙事以及书中很多精彩而现实的对话，使读者离主角的生活更近：鲍勃不是操纵神秘力量的神秘巫师，而是一个相当聪明的员工。他尽力履行自己的职责，也努力死里逃生。

当然，大多数读者与数学和计算机科学之间总是存在着距离，但是就克拉克定律而言，一定的距离是必要的，因为恰恰是未知才产生了魔法的感觉。斯特罗斯在接受《克拉克世

[1] 洛夫克拉夫特《克苏鲁神话》中最著名的神灵之一。

界》杂志的采访时说："我们把我们不了解的东西称之为魔法。因此可以说，当今世界，大多数人都生活在一个魔法的世界中。在我们机器内部存在着幽灵的神秘力量，它诠释着我们的愿望。如果确实存在一种有效的魔法形式，那么它应该与计算机工程很相似。"

当魔法变成技术 ✡

克拉克定律也可以用另一种含义来解读："任何经过充分分析的魔法都与科学都密不可分。"看起来似乎是一样的，但事实并非如此，因为这里不是把遥远的、陌生的或难以理解的技术视为魔法，而是采用了一种奥义魔法，将其细节不断充实，使之成为类似于读者、观众和玩家们每天都能听到的技术和知识的存在，从而拉近了魔法与读者、观众和玩家之间的距离。

根据阿西莫夫科学教的观点，端点星的技术来源于（没有确切的定义也并不存在的）银河圣灵的仁慈。好吧，现在你们想想看有没有哪个真正的神灵，它的力量可以养活整个城市的。没错，就是我们在第四章谈到死灵法师的时候提到过的：火神。在马克斯·格莱斯顿的作品《三段式死亡》中，他为阿尔库伦城的蒸汽发生器提供动力。阿尔库伦所在的世界与我们的世界不同，但它也不是典型的奇幻城市：它是一个大约有四百万居民的大都市，有火车、黑色玻璃摩天大楼、高档住宅区、大学校园和夜总会。城市的运转都是依靠一位神灵的魔法。神灵召集了一批技术员作为中介，让他们拥有了抽几吨烟也不会有健康问题的身体。格莱斯顿将一系列奇幻原型加入到具有经济参考意义的法律类惊悚叙事结构中，这种操作与斯特罗斯相同。但是，他不是从我们的世界开始，而是创造了一个充满魔法的新世界，那里有飞行学校、吸血鬼、活的石像鬼、死灵法师和神灵，然后使用不同的现代元素使我们沉浸在这个世界中，使它更接近于我们感知的同时又保持着外来世界的面貌。这部作品之所以成功，还因为它从生物学、化学和物理方面来描写魔法，使其在不丧失神秘本质的前提下得以具体化。

早在 1940 年，罗伯特·海因莱因在小说《魔法公司》中也采用了类似的方法。该故事以当代美国为背景，魔法是一种普遍的行为，主角被迫去阻止魔法公司的勒索企图。魔法公司是一家试图通过管理魔法师达到垄断目的的组织。在这个案例里面，魔法也不是极其先进的技术，而是真正的魔法：诅咒、保护圈、元素、恶魔，所有这些均受到其他维度空间里的许可证、联邦法律和联邦调查局卧底特工的监管。类似的设置也出现在其他小说中，例如波尔·安德森的《混沌行动》和《月球行动》以及哈利·托特达夫的《有毒魔法倾销案》，其中魔法甚至可能产生有毒的废弃物，需要妥善处理。

另一个例子是里克·库克的“巫术”系列，其主人公维兹是一位出色的程序员，他受到来自另一个世界的巫师的召唤和求助，以应对神秘的威胁。但是，维兹没有魔法才能，包括他自己在内的所有人都觉得他是被错误召唤了。直到他开始理解魔法的工作原理，他才意识到："编程语言只是表达算法的一种形式主义，如果魔法不是算法的话，那它还能是什么呢？"因此，维兹将魔法进行分解并使用计算机术语和指令对其进行重新解释，从而成功开发出用来寻找失踪人员的自动搜索魔法、冲破魔法保护的解密魔法、运输功能的魔法，以及能够创造出反斜线光和带火的箭矢的魔法。

另一方面，在《龙与地下城》中的艾伯伦世界里，通常的等级、种族、魔法和怪物系统被设定在一定的场景中。该场景在美学和主题方面充满了低俗的黑色元素，还带有些科幻的色彩。艾伯伦世界是反对克拉克定律的一个很好的例子：在那里，魔法是一门科学，整个工业社会都立足于这门科学。在这样的工业社会中，街道被魔法灯笼照亮，存在着跟电报机功能相同的魔法物件，飞行器也正在建造中，但是还没有什么像汽车、手机或互联网[1]一类的东西。其技术水平可与19世纪下半叶的技术水平相提并论，但经济掌握在少数实力雄厚的家族手中，介于《权力的游戏》中的家族和赛博朋克型行会的中间，每个家族分管一个分支，包括银行、运输和公共卫生。机器人被称为机关人，是有意识的机器人。

[1] 这里面我最喜欢的技术无疑是闪电列车，从某种意义上讲，它有点像远西火车，但是它与远西有两个重要的区别：首先是它的动力不来自于煤炭，而是来自火车头被束缚的气元素能源；第二个原因是它的路径不受轨道限制，而是由一系列导电石划定的。这些导电石能够产生足够的排斥力，以支撑起火车，并消除火车与地面的摩擦作用，就像磁悬浮火车一样。但这里使用的是魔法。

✡ 冲突

魔法和科学或者说技术之间的关系并不总是可以用克拉克定律（以及克拉克定律的两种解释）来描述，因为也会发生这两种截然不同的学科碰巧处在同一环境中的时刻。在某些情况下，这可能会导致强烈的摩擦。吉姆·布彻的都市奇幻系列作品《德累斯顿档案》的主人公哈里·德累斯顿，他是一个超自然现象调查员，居住在芝加哥（这里的芝加哥除了多了些吸血鬼、仙女、狼人、恶魔和各种幽灵之外，与现代的芝加哥没有什么区别）。他一直有一个技术问题难以解决：就像所有魔法师一样，他的存在会干扰手机的性能，使计算机崩溃或导致灯泡爆裂。你们可以想象一下，如果他进入到医院或计算机中心，可能会无意中造成多大的损害。因此，他开的车是一辆老式甲壳虫，他更喜欢左轮手枪而不是自动手枪，在家中他使用的是蜡烛、壁炉和煤油炉。在“哈利·波特”系列中也发现了类似的例子，在霍格沃茨是无法用电的。同样地，在皮尔斯·安东尼的“学徒养成”系列中，该系列以未来主义星球布罗顿和它的魔法孪生星球费泽为故事背景，前者的技术不适用于后者，反之亦然。

在游戏开放商丰乐的视频游戏《最长的旅程》及其续集《梦陨》和《梦陨之章》中，关于两个相反世界的设定又出现了。这里的划分动机是不同的：网络朋克灵感世界（斯塔克）和魔幻世界（阿卡迪亚）必须保持分离，是为了防止科学与魔法的共存使某些人积累过多的力量[1]。即使在布莱恩·沃恩和菲奥娜·斯台普斯屡获殊荣的漫画《烽火世家》中，也存在着两个相互冲突的世界：技术先进的行星陨地及其卫星花冠，卫星上的居民会使用魔法。然而，技术与魔法之间的冲突只是如同我们世界的战争一样复杂的一场战争的一个方面，其中还交织着政治动机、经济利益、激进的民族主义和种族偏见。

莉西亚·特洛伊斯在《马尔瓦的受难者》中，也写到了两个世界之间的冲突，并将这个冲突放到了人口众多、技术水平颇高的马尔瓦市。那里的蒸汽机是由卓尔人进行维护和提供动力的。卓尔人是深色皮肤、白色头发的类人生物，他们被认为是比人类劣等的生物，只能作为奴隶生活在地下，但是他们懂得使用魔法。“这本书是一部特别的作品，我被要求为环境出版社（Edizioni Ambiente）的‘绿黑’丛书写一本有关有毒废物处理的小说，内容涉及生态黑手党，因此整个概念都是围绕我想传达的信息来构建的。”特洛伊斯这样告诉我，“但是我必须说，技术与魔法之间的较量一直反复出现在我写的东西里。例如，在《领域传奇》的背景设定中，过去曾经发生过一场灾难，居民认为它是由某种形式的技术引起的，这就是他们非常怀疑先进的机械和设备的原因。”

然后，在某些情况下，两个学科之中的某一学科的扩大会引发另一学科的逐渐消亡。例如，发生在《冰与火之歌》中

[1] 有趣的是，实际上，在分隔两个世界的屏障中存在着裂缝。通过这个裂缝，有一小撮魔法到达了斯塔克，这可能有助于发展一些典型的科幻技术，例如反重力技能或者比光速还快的瞬间移动等单凭科学无法达到的技术。好吧，是的，即使在科幻小说中也有一些魔法元素，但对此还请大家不要多说。

的情况，魔法生物的灭绝和巫术的衰落似乎与城堡学士会探索知识（和力量）时所使用的逻辑、理性和科学方法的传播紧密相关，以至于根据某些理论，学士们长期以来一直都在企图消灭维斯特洛的魔法。“你认为最后一次杀死坦格利安家族所有龙的是谁？是持剑的英勇屠龙者？在学城建造的世界中，没有巫术、预言或黑曜石蜡烛存在的空间。留给龙存活的余地就更少了。”马尔温博士如是说，他是为数不多的研究魔法的人之一，因此也一直受到学士团[1]的其他成员的轻视。

特里·布鲁克斯在“沙娜拉”系列作品中采用了更为犀利的方法。故事的背景设定在最经典的奇幻世界中，这实际上就是我们的世界。在经历了一系列全球战争之后，人们滥用核武器和化学武器导致地球退回到工业化以前的状态。地球和地球上的居民都发生了变形：侏儒、矮人和巨怪都是人类变异的后代，与在战事升级之前就已经存在的精灵是不同的。这些精灵一直过着隐居的生活，试图保护自己免受不受控制的工业化所造成的损害。在科学和技术的打压下，魔法几乎已经从世界上彻底消失，但在灾难过后，它又重新普及了。

共存 ✡

[1] 必须要指出的是，很多模糊的解释和众多不同观点的使用（通常是局限性的和不可靠的）使乔治·R.R. 马丁这本书成为了阴谋论的沃土，因此必须保持一点怀疑的态度。可能这也就是为什么这部作品在我们看来是如此贴近现实。

如果我们先不谈科学和魔法之间真正不兼容的情况，例如《德累斯顿档案》或“沙娜拉”系列，那么它们之间的冲突通常可以简化为魔法师与科学家之间的冲突，也就是说，具有不同研究方法和世界观的两类人之间的冲突，但是这种冲突不一定是完全无法调和的。这意味着即使它们之间发生了像宫崎骏动画《幽灵公主》中那样激烈的冲突之后，也仍然可以找到一种共存的方式。动画里的冲突体现在被狼养大的珊和炼铁厂的主人艾伯西夫人之间。珊对破坏大自然的人怀着强烈的仇恨情绪，而艾伯西则促使炼铁厂的居民前往动物神灵的土地开采他们需要的金属。尽管宫崎骏在漫画中支持哪一方已经非常明显，但是魔法神灵与科技人类之间的冲突并不仅仅体现在善与恶之间。最重要的是，艾伯西不是一个邪恶的对手，而是一个坚决的女人。她保护自己的人民，慷慨大方，随时敢于承认自己的错误并纠正自己的态度。因此，这位日本导演的想法不是反技术宣言（就像托尔金主义的著作一样），而是对暴力工业化的反对。与暴力工业化形成鲜明对比的是在珊和艾伯西之间最终建立的一种乐观的协作精神。

《铁龙神女》和《通天龙》是迈克尔·斯万维克创作的两部小说，故事背景是魔法世界中的仙境。在他的小说中，魔幻与科学的共存是如此巧妙，以至于创造了一种奇异的混合体，但又显得特别真实，看似遥远又很贴近，看似生疏但又很熟悉。在仙境中，我们可以看到工业区、电视上直播的祭奠仪式、官僚机构繁杂的多种族的混乱城市、教授电子学和炼金术的高中和大学以及受到防盗护身符保护的商店。“当我 1982 年去爱尔兰时，我第一次看到了城堡、石圈和仙女环，它们与我的想象完全不同。我认为我们美国人写奇幻作品时是非常有胆量的，尤其是里面出现了这么多完全陌生的组成元素的时候，”斯万维克在接受网络杂志《无限加》（*Infinity Plus*）采访时说，“因此，当我想要写一个被迫在机械龙[1]工厂工作的女孩的故事时，我意识到我可以利用自己成长的环境——工业、垃圾填埋场、大型购物中心和脱衣舞酒吧，让它们也充满魔法的魅力。”

魔法与科学的并存是许多城市奇幻环境的特征。最引人注目的例子是由两位游戏设计师——鲍勃·沙雷特和保罗·休谟创造的。他们在1989年突发奇想，将《龙与地下城》和赛博朋克气氛“融合”在一起，最终制作出一款角色扮演游戏《暗影狂奔》。游戏背景设定在21世纪，其中有许多比很多国家的力量还要强大的大型公司，一个可以通过神经界面连接的世界网络，以及各类控制论艺术、摩天大楼、霓虹灯和所有你们能想到的朋克元素。有所不同的是，2012年12月21日[2]，魔法渐渐苏醒：人类变成矮人、精灵、兽人和巨怪，吸血鬼病毒开始肆虐，龙也回到地球，重新成为操控全球的霸主，人们在街上发射火球。这种混合可能看起来有些粗糙和

[1] 《铁龙神女》的女主角是一个被掉包的孩子，也就是被精灵偷换后留下的人。

[2] 是的，根据对玛雅文化和神话的一些相当有趣的解释，这一天是世界末日。虽然这种解释缺乏考古和天文基础，但是它像所有伪科学理论一样，作为一个虚构的故事还是很有效果的。因此，对于精灵、龙和巨怪在曼哈顿漫步的游戏来说，这个日期也非常适合。

牵强[1]，但它已经非常成功，并且进一步证明：科学和魔法尽管在实践和哲学方面还存在差异，但是它们是可以在同一个世界中共存的，并且占据着不同的概念和功能领域。您需要破解密码吗？寻找一个优秀的黑客吧。您的公寓被幽灵骚扰了吗？联系下萨满巫师吧。

技术专家的演变 ✡

作为本章的结尾，没有什么会比谈谈我们目前讨论过的所有类别以外的游戏更好的主意了，因为这个游戏几乎包含了所有类别的特征。正如我在第五章中解释的那样，《法师：超凡入圣》中的现实是符合共识的，也就是说，它是由大多数人（所谓的“沉睡者”）认为的现实来定义的。另一方面，法师被唤醒，他们对事物的状态有充分的认识，并且可以通过意志力来改变现实。为了做到这一点，他们必须坚持一种被称为“范式”的、代表了他们对世界的理解的，并且包含了统一的规则和信念的系统。

在 1993 年的第一版游戏中，玩家可以选择各种类型的神秘魔法师：萨满巫师、死灵法师、和尚、女巫、德鲁伊、预言家等。这些魔法师虽然各自从事的奥术有所不同，但他们

---

[1] 赛博朋克的创始人之一威廉·吉布森并不欣赏把赛博朋克与奇幻作品结合的做法。我的表述有些轻描淡写了，其实他的原话是“《暗影狂奔》让我想爆粗口”。

因为同一个敌人——技术专家而团结在一起。技术专家是一个强大的组织，由非人类的士兵组成。他们也能够改变现实，但不认为自己是巫师，反而将现代科学视为“范式”。在像我们这样的充满技术的世界中，作为压迫者和统治者的技术专家试图压制魔法师非理性的神秘迷信[1]。参与斗争的还有其他的派系，但神秘主义者和技术专家之间的冲突是主要的矛盾之一。

第一版游戏发售的时间到现在已经过去了二十六年，在此期间，技术专家也在不断地进化，其动机得到了深化，其目标也变得更加高尚。在最新版的游戏中，它不再是玩家的敌人，而是像传统魔法宗派一样的派系，也有了内部的分化，有了自己的矛盾、优势和劣势。他们当中的许多成员都希望保护世界，使其免受魔法师和其他超自然生物的利己主义和掠夺行为，保证人类的健康和福祉，并鼓励知识的传播。但是，其他成员则忽略了组织的无私宗旨，追求自己的个人目标或者仅凭着技术专家的热情执行协议和程序。

尽管游戏中始终抱有对技术专家治国论的批评，但技术专家组织的演变也反映了游戏在对科学的态度上的有趣变化。“科学不是魔法和宗教的敌人，也不是奴役世界的阴谋，”《法师》二十周年特别版中写道，“科学实际上是对可验证和可

[1] 科学也进入了两个传统魔法宗派的范式即以太之子和虚拟行者，但两者有重要的区别：前者的理论基础与已证明和认可的理论相悖，他们的理论是更前沿的猜想或者（更多的情况下是）十足的伪科学；而后者非常清楚教派成员从事的是魔法，只是他们使用的工具不是物神、图腾、奥术公式等，而是技术。

复制知识的追求”。

我对这种演变很感兴趣，并与外号是“技术专家先生”的布莱恩·坎贝尔谈起了这一话题。他是游戏设计师，也是有关该组织的许多内容的作者，包括有关该组织的指南。“一开始，技术专家是反派组织，为控制现实与魔法宗派作斗争。我很快就提出要深入挖掘它的本质，因为定义反派行为的动机是非常重要的，这会使它变得更加吸引人。此外，以《黑暗世界》为背景设置的所有游戏中，例如《法师》，总是存在着展现对手观点的趋势。正如罗伯特·海因莱因所说：‘你的敌人在他自己眼中绝不会是一摊腐肉。’我对技术专家充满热情，我知道很多玩家都希望能够扮演它。”他这样告诉我。

因此，技术专家的变化背后有一个重要的游戏叙事元素。不仅如此，“数十年来，许多奇幻作品和科幻作品的小说家，例如波尔·安德森、罗杰·泽拉兹尼和亚瑟·克拉克都一直在探索科学、魔法和技术之间的关系。再往前数，还有玛丽·雪莱也是如此。在此期间，技术以及与之相关的思考也在不断发展，这代表着源源不断的新魔法的灵感来源。”坎贝尔总结道。

奇幻作品及其派生系列提供了各种各样的魔法形式，这些魔法形式都不同程度地结合了泛灵论、炼金术和技术领域的内容。每个作者都制定了自己的配方，也可能会影响其他人的配方。魔术系统的发展和分化肯定也受到了科学技术发展的部分影响。在下一章中，我将通过分析魔法师和科学家之间的异同来深入探讨这一方面的内容。

第八章

社会中的魔法师

INCANTO

✡ 教学

对于仙子和许多其他超自然生物例如恶魔或幽灵而言，魔法是自生的。他们不需要学习或培训，他们天生会使用魔法，这就够了。对于某些力量完全来自自然天赋或外部影响的凡人魔法师来说，也是如此，例如《龙与地下城》里的巫师。而对于其他所有人来说，过程就要复杂一些：他需要研究、学习复杂的公式和破译古代书籍。首先，他需要找到一位老师。

根据古代传授手工艺的师徒模式，在许多奇幻作品中，当班的年轻学徒只有一名老师，通常是一位相当有能力的魔法师。这种方法非常适合那些魔法很稀有，从业者数量较少，或与部落以及宗教有关，并且与其他文明隔绝的背景设定：在那里的教授过程是通过口头进行的，魔法是从师父到学徒一代代传承下来的，有一定的隐士成分。然而，在其他世界，魔法教学已经制度化，甚至有专门的学校和大学。

“哈利·波特”系列的成功使霍格沃茨成为这些学校中最著名的，但它当然不是唯一的，也不是第一个。第一的殊荣很可能属于西奥多·科格斯威尔于1953年创作的故事《世界的围墙》。故事的主角是一个十三岁的少年，他决心找出他学习奥术的学校周围高高的围墙之外的世界。他的一位老师向他透露外面的世界使用的技术是在墙的这一侧被禁止的。在科格斯威尔的故事之前，布拉姆·斯托克在他的小说《德拉古》中提到的学校，不仅是小说中虚构的产物，更是特兰西瓦尼亚民间传说的体现：在那里，学生可以学到自然的秘密、动物的语言和由魔鬼本人教授的魔法咒语。这所学校被称为“Solomanț,ă”或“Solomonărie”（所罗门塔），它召集了所谓的“Solomonari”（所罗门）巫师，在他们能够做的许多事情中还包括骑龙（这里的龙就住在罗马尼亚的锡比乌附近的湖底）、控制天气、引发暴风雨或冰雹。

厄休拉·勒吉恩的奇幻作品《地海传说》中的洛克岛学校无疑是奇幻作品中最重要的魔法学校之一。年轻的盖德在学徒期过后，被他的老师奥格安派往那里。那是一个充满魔咒和多种族的地方，比霍格沃茨更为艰苦，只有男性才会去。学校由大法师和九位大师领导，每位大师都专注于特定的领域，从草药的性质到幻觉，从招魂到历史。许多学校，包括霍格沃茨本身，都是受到洛克岛学校的启发。

除此之外，还有几所大学。例如，帕特里克·罗斯福斯的《弑君者传奇》中的学习机构，那里约有一千五百名学生（包括主人公科沃斯）。他们参加的课程科目包括数学、医学、修辞学、化学、诗歌以及其他能够产生被外面的人称之为魔法的学科，比如炼金术、符文、交感（基于能量的转换和物体之间的联系）以及使用实名来控制事物和人。在《暗影狂奔》的赛博朋克奇幻世界中，也有学习魔法的学校，其中的MIT（麻省理工学院）已成为MIT & T（马萨诸塞州理工学院和奇术学院），这个世界里的其他几所主要的大学也都设有奥术系。布拉格卡洛琳娜大学聘用施瓦兹科普夫巨龙作为学校的巫术老师。

在许多情况下，魔法是一种馈赠、天赋或者世袭的财产，只有拥有魔法的人才能上学。如果说，一方面，这加强了很少有人可以使用的魔法的观念，另一方面，它也代表了魔法从神秘的专有知识形式转变为需要通过信息共享和不同方法的比较研究而发展和进步的知识，这是一个重要的里程碑。此外，这种非常科学的方法，还基于另一个重要概念即魔法遵循可以学习和传播的规则和法则。这一点我将在下一章中讨论。

造成这些学校招生排他性的另一个因素是，它们所在的地方通常都很难找到或是很难到达。例如，像马克斯·格莱斯顿的魔法学校，不仅隐藏了踪迹，甚至还能飞走；又或是《万智牌》中的无形学校，它在数个世纪以来一直培养魔法师，同时也保持着隐秘的状态。不过，《碟形世界》中的无形大学是一个独特的案例，就像特里·普拉切特原创的许多叙事元素一样，它具有不寻常且多变的建筑，内部空间大于四面墙壁所能容纳的空间。里面的书像牛津大学的博德利图书馆一样用链子拴了起来，不是为了保护它们免受学生的伤害，而是为了保护学生免受它们的侵害。学校还开设了诸如“创造性不确定”[1]或“魔法的公众误解”之类的离奇课程。学校的魔法师们也有着妄想、缺陷和野心，与我们世界里的许多大学教授并没有太大不同。

[1] 第一门课程明确提及了著名的“薛定谔的猫”悖论，而第二门课程则参考了报告《公众对科学的理解》，这是应英国皇家学会的要求于1985年发表的关于科学与社会之间关系的报告，其中的新论点是先进民主的运行要求公民先了解科学。

研究与探索 ✡

无形大学在其众多特性中，并不是顾名思义真的就是隐身的。无形二字的命名是取自无形学院。该学院由自然哲学家组成，成员包括化学家罗伯特·博伊尔等。学院成立于17世纪50年代，主要探讨伽利略和弗朗西斯·培根的“新科学”[1]的发展。在影响博伊尔及其同伴的著作中，有一部培根的作品也属于奇幻旅程的叙事类型——1627年培根去世后出版的《新亚特兰蒂斯》。它讲述了一群海难逃生者在南太平洋的陌生小岛本萨勒姆岛上发生的故事。

本萨勒姆岛是一个乌托邦式的岛屿。岛上的居民都是和平、贞洁和虔诚的人。岛上的所罗门宫进行着科学研究，使一切理想的实现成为可能，在那里出现了许多科幻小说中罕见的技术奇才。对于本萨勒姆岛人（和培根）而言，知识能够控制自然并改善社会。“你一定也和我们一样明白这样一个简单的道理，我们拥有如此多的事物，尽管它们完全是天然的，却能够产生惊人的结果。如果我们想掩盖这些事物并使它们显得神奇，那么在许多特殊情况下，我们可能会欺骗自己的感官。但是我们讨厌所有的麻烦和谎言。”所罗门宫的一位元老向叙述者这样解释道，还鼓励他说出自己在岛上看到的一切。培根想象的新科学是基于透明性和公开性的，

[1] 20世纪初，玫瑰十字会的神秘运动宣言中已经出现了无形学院的思想。玫瑰十字会主张通过科学促进人类的重生，但是他们认为在世界做好准备之前，科学必须保持神秘隐匿的状态。

但是有一个相当大的限制：科学家对应该发表什么以及应该保存什么秘密拥有最终决定权，这个限制就减弱了培根所说的透明性[1]的概念。受到这种知识愿景的启发，无形学院和其他类似团体的成员于1660年创建了皇家学会，这是世界上第一家国家科学机构。从那以后，又过了不少时间，科学终于不再是博伊尔、牛顿或伽利略这样的独立学者从事的活动，而是一种结构化且广泛的职业，有时也以研究小组的形式进行。它们聚集成大型的技术科学网络或是共同推进大型项目，例如人类基因组计划、人脑计划或日内瓦CERN（欧洲核子研究组织）粒子加速器项目。在这种背景下，自20世纪70年代以来，无形学院的概念已在科学社会学中获得了新的含义，它指的是由不同机构的一百多名科学家组成的非正式网络，他们在其中交流有关共同研究主题的信息。随着科学（及其所在的社会）的结构发生了进一步的变化，科学技术公共政策学者卡罗琳·瓦格纳定义了所谓的“新无形学院”，即具有不同于20世纪科学界发展动力的全球性科学网络，为知识共享提供了巨大的契机。

在这种演变中，无形学院从一个封闭的、高度精英化的小圈子到拥有一群热情的科学家，再到当代的全球体系的过程中，大学始终扮演着至关重要的角色。它不仅是教授知识

[1] 这样的事情可能会在乌托邦中发挥作用，而在现实世界中，科学家和所有普通人类一样，也会因为个人信仰或外部压力而影响他们的决定，因此肯定无法实现。此外，科学发现和技术进步对社会产生了如此巨大的影响，因此决不能将其排除在影响社会的决定之外。正如许多人以及部分科学家所声称的那样，科学太重要了，不能只把它留给科学家。

的地方，而且是研究和拓展这些知识的中心。正如《暗影狂奔》的巨龙施瓦兹科普夫所做的一样，当他不在布拉格卡洛琳娜大学教授巫术时，他就研究统一魔术理论，该理论旨在将巫术和萨满教传统融合在一起。学术研究，无论在研究人员好奇心引导下进行的不会即刻就带来效用的基础研究，还是从现有知识出发展开的能够带来新技术发展的应用研究，都是我们社会发展的基础。没有基础研究，就没有应用研究。就像是，如果没有爱因斯坦的相对论，我们就不会发明全球定位系统。

在奇幻作品中，存在着三种形式的研究，其中最主要的是历史研究，它具有两个叙事功能：一是丰富角色活动的虚构世界的细节；二是揭示角色正在研究的奥秘的相关信息，从而推动剧情发展。通常，这种研究就是在古老的大型图书馆中查阅布满灰尘的书籍，以找出某种人工制品的工作原理、某个被遗忘的庙宇所在的位置、如何施放强大的咒语以及某个试图破坏世界的恶魔生物。

也有野外研究，通常与历史研究相关，但是，由于作品中经常会出现废弃的遗址和被淹没的古老神庙，且都在未开放的丛林或类似的地方，里面都藏着等待被发现的古老文明的知识（和财富），因而又带有很强的考古学成分（这里的“考古”是指印第安纳·琼斯，而不是真正的考古学家所做的）。进行野外研究的人，必须时刻准备好面对陷阱、古老的诅咒和各种怪兽，因此有志于此的巫师必须与不同类别的冒险家进行互动，以弥补他们在敌对环境中战斗、探索和生存方面的不足。这使得野外研究的设定特别适合于角色扮演游戏，以至于在许多游戏背景设定中都有真正的探险家协会，例如

《探路者》的探路者协会或第七海探险者协会。在《魔兽世界》中也有探险家联盟，专门研究矮人种族的起源，其中还有一位叫哈里森·琼斯的考古学家。

最后，第三种研究形式是实验性的，我们可以在《钢之炼金术士》《德累斯顿档案》《时光之轮》《迷雾之子》《魔兽争霸》《艾伯伦》、“哈利·波特”系列中找到实例。这些都是我在前几章中提到过的作品，因为其中使用到的魔法研究方法或多或少地都是从科学中获得的灵感。同样非常有趣的案例是《魔法艺术》，这是一款背景设定在12至13世纪欧洲的角色扮演游戏，那里存在着仙女、恶魔、天使和龙，中心思想是让这些物种服务于不同家族的神秘魔法师的事业。游戏手册有一整个章节都在介绍实验室的管理，每个魔法师都将大部分时间用于进行魔法实验、研究、编写纲要和论著、对着物品施魔法、指导学徒以及发明新的咒语。因此，研究以及对研究的管理与经典的侦查、阴谋和战斗冒险一样，也成为了游戏组成的要素。

✡ 宫廷魔法师

蒙茅斯的历史学家戈弗雷多在《大不列颠统治史》中讲述了有关5世纪布列塔尼国王沃迪根的片段。他决定不惜一切代价在威尔士的某个地方建造一座坚固的塔楼，但每次他的手下开始竖起塔楼时，大地都会震动，塔楼的结构就会坍塌。

他的顾问们都不知道该怎么办，直到一个男孩向他指出了问题所在：在沃迪根选择的这片土地下面住着两条龙。国王下令进行挖掘，他的部下们找到了冒着烈焰的洞穴。如果你们还记得我在第一章中写的有关可燃气体和地下洞穴的内容，你们就会了解到，这些人遇到的只是地质现象，肯定不是喷火的巨龙。但是，当时所有人都相信那里有龙，首先就是沃迪根，他赶走了其他顾问，把男孩留在了身边。这个男孩用自己的智慧也服务了接下来的几任统治者（奥雷留斯、乌瑟尔和他的儿子亚瑟），成为历史上最著名的魔法师之一[1]。

梅林是明智巫师的原型，献计献策辅佐君主，许多其他术士顾问也以他为榜样。例如，甘道夫和萨鲁曼在与中土世界其他领导人互动的时候也经常扮演这种角色，而漫威系列中最著名、最强大的巫师史蒂芬·斯特兰奇也是“漫威 1602”迷你系列里尼尔·盖曼所讲述的替代宇宙中的英格兰女王伊丽莎白一世的宫廷魔法师和顾问。

说到漫画，值得一提的还有女巫弗劳·托滕金德，在比尔·威林汉姆的《成人童话》中她是一个模棱两可的中心人物，是社区领袖的顾问。这个社区的成员都是被迫流亡到纽约的童话人物。甚至在斯蒂芬·金所写的唯一一部奇幻小说《龙眼》中都将魔法师作为王室的顾问，尽管这里的巫师兰德尔·弗拉格不是一个正面的人物，而是一个黑暗巫师。此外，兰德尔·弗拉格还出现在斯蒂芬·金的其他作品中，例如《蝎子的影子》

[1] 正如马特·卡普兰在《怪物科学》中所推测的那样，沃迪根的这段故事似乎表明，在成为魔法师之前，梅林还是一位出色的地质学家。但是现在我们都知道魔法也可能是表象问题。

和《黑塔传奇》。

这些角色中的许多角色的寿命都比正常人要长，或者是由于他们凭借自己的法术延长了自己的寿命（例如史蒂文·埃里克森——《玛拉兹英灵录》中的巫师，他可以活到两百至三百岁），又或者是因为他们不完全是人类（就像梅林一样，戈弗雷多将其描述为一个女人和一个恶魔的儿子，而根据其他作者的作品，梅林的血管里还流着神仙的血），再或者就像甘道夫和萨鲁曼一样，都是术士，也就是被派到中土与索伦战斗的两种强大的原始灵魂。拥有比正常人更长久的寿命和能够获取大多数人无法企及的知识的能力，也就意味着这些魔法师比他们所辅佐的君主拥有更加长远的眼光。这一点在统治一个国家、规避统治者的弱点或愚蠢、处理可能对遥远未来造成影响的问题等方面都非常有用。

现实世界中的科学家们没有甘道夫或奇异博士的力量，而且寿命不超过一个世纪，但是在一个不存在龙、精灵和巫师的世界中，他们也经常会担任顾问。科学方法起源于文艺复兴时期，但在19世纪之前，不仅没有将科学家的专业形象制度化，而且也没有术语来指代它。直到1833年，哲学家和神学家威廉·惠威尔才创造了这一术语。因此，自然哲学家和理智主义者常常诉诸强者的庇护，才能够继续研究并通过交换知识来获得保护：在庙堂之上重用有识之士，无论是在名声上，还是对诸如医学、工程或城市规划等更为实用的领域来说，都有好处。在这种意义上的典范是约翰·迪，他是16世纪的数学家和魔法师，同时也是天文学家、占星家和制图专家，也是英格兰女王伊丽莎白一世（天知道她是否认识史蒂芬·斯特兰奇）的顾问以及大英帝国主义的坚定支持者。有人说莎士比亚在塑造《暴风雨》中的戏剧人物巫师普洛斯彼罗的时候就是受到了约翰·迪的启发，而霍华德·菲利普·洛夫克拉夫特也引用他作为《死灵书》的翻译者。

随着世界的发展，科学领域也发生着变化：随着新学科的诞生和专业水平的提高，研究越来越成为一项集体事业，技术的发展促进了信息和数据的共享，但是科学顾问的作用并没有失去其重要性。另一个示范性案例是范内瓦·布什，他是总统的顾问，也是第二次世界大战期间美国的科学研究协调员。他是我们现在上网时都会点击的超文本的先驱，并且在 1945 年撰写了直到今天仍然非常重要的文章《科学，无尽的前沿》。这部著作阐明了科学是如何成为现代国家健康、繁荣和安全的基础的，尽管它不是解决所有个人、社会和经济问题的灵丹妙药。

知识与权力 ✡

从建议到统治，这中间的步骤可能非常短，尤其是如果他的寿命比国王（众所周知，国王的寿命一般较短）长得多，并且拥有大多数凡人无法获得的能力和知识。毕竟，拥有长远的目标和坚决执行的决心是比头戴皇冠更重要的执政素质。

魔法师们总是会与权力打交道，无论是否决定要亲自接管王国的统治，还是要左右统治者的决定，以使他们朝着自己认为最正确的目标（或更符合魔法师自己的目标）迈进。第一种情况发生在许多奇幻故事中的反派人物（从索伦到《火焰山术士》中的巫师，从《黑神锅传奇》中的科尼利厄斯国王到《风云际会》中的女王巴夫莫达）以及一些正面人物身上，例如《圣石传奇》中里瓦的贝尔加里昂，罗宾·霍布小说中朗格维斯塔王朝的成员或是《魔兽争霸》中的吉安娜·普罗德摩尔。第二种情况则是一些大人物的秘密顾问，他们在幕后操纵着国王、王子和贵族。

在这些秘密顾问中，一个很好的例子是《成人童话》中的弗劳·托滕金德，之前我已经提到了他作为顾问的角色，这里我还要讨论的是他在军事上的重要性。古老而强大的女巫托滕金德顽强地捍卫着童话小镇社区，以感谢白雪公主（白玫瑰）和红玫瑰姐妹。在从对手的军队里逃生的过程中，她们两姐妹救了她，但是，这并不能阻止她追求个人目标，也不能阻止她将自己的盟友作为棋子与对手进行博弈。另一个重要的例子是神秘的传奇魔法师巴亚兹，他是作家乔·阿伯克朗比的作品《第一法则》三部曲中的主要人物之一。在很早的时候，他曾经是一个小国统治者非常倚重的顾问，在他的帮助下，国王统一了整个大陆，建立了强大的联盟。但是巴亚兹是一个无良的操纵者，他假装离开国家，实际上仍然将国家主要机构牢牢地控制在手里，毫不犹豫地将其用作个人战斗的工具。

弗劳·托滕金德和巴亚兹都是寿命超过千年的人，并且拥有着无上的权力，因而可以进行如此长时间的远期计划。但是这样的计划也可以由很有影响力的组织来执行，例如罗伯特·海因莱因的同名小说中的魔法公司或斯科特·林奇的作品《绅士盗贼拉莫瑞》中的帮派：两个试图获得（海因莱因作品中的案例）或已经拥有（林奇作品中的案例）魔法垄断使用权的强大的巫师协会。他们是真正的游说议员的团体，通过影响政治来追求自己的商业利益。在我们的世界中，也有一些协会、利益集团、非政府组织和跨国公司成为了真正的游说议员的团体。为了事业的发展，为了自己的钱包，他们会与政客们勾结，影响政客们的决定。在这样的现实环境中，也不乏科学家或科学学科的参与。

影响政治 ✡

最初，“lobby”这个词指的是英国议会进行辩论和法律投票的会议厅的前厅或休息厅。在这些前厅里面，有些人试图与国会议员攀谈，以影响他们在某些议题上的决定。从那时起，这项活动就被称为游说活动，并已深深植根于从英国当地到整个全球不同层次的政治实践活动中。

为了让大家大致了解这种现象的严重程度，你们可以想一下美国全国步枪协会资助政客竞选的案例。美国全国步枪协会是一个致力于使武器拥有权正常化的强大的美国组织，它花费了数百万美元来资助那些强烈反对限制枪支出售的政客的竞选活动。还有代表主要制药和生物技术公司利益的美国药品研究与制造商协会，他们在 2017 年也投资了 2500 万美元用于游说国会。另外还有两个游说团体花了更多的钱：美国房地产经纪人协会花费近6500万美元，美国商会花费一亿多美元。在2016年投资最多的50个游说团体中，我们还发现有波音公司（1700万美元）、谷歌公司（1540万美元）、美国联邦快递（1250万美元）、埃克森·美孚（1180万美元）、亚马逊（1130万美元）、美国银行家协会（980万美元）、微软和脸书（870万美元）、美国通用（850万美元）与可口可乐公司（790万美元）。

这种现象的影响是如此之大，以至于一段时间以来政府都一直在试图调节它，并开发出各种增加透明度和参与度的新模式。一方面，各个利益集团与立法者进行适当的互动是合理的，而另一方面，一个国家或联邦的政治议程也不应受到利益机构在经济方面的严重制约，这也是事实。此外，令人叹息的是，腐败和威胁的案件也是频频发生，在某种程度上给游说行为本身带来了负面影响。但是，游说的确是可以成为促进人权、裁军、环境保护或与过去一样废除奴隶制和争取妇女投票权等各类斗争的有效工具。还有许多游说团体涉足了科学和医学的领域，特别是从研究经费（尤其是基础研究）到全球变暖意识，从生物伦理学到开放科学等方面的话题。

这里也会出现利益冲突及其代表之间的冲突的问题。例如，2015年的一项调查显示，全球最大的科学学会美国科学促进协会（AAAS），旨在促进科学家、教育和普及活动之间的合作与责任）中有五分之一的成员在金融或工业领域工作。请注意，这不是犯罪，但是很明显，这种影响在协会的合法游说活动中的作用是非常突出的。此外，美国科学促进协会的会员中有72%是男性，83%是白人，平均年龄是五十九岁，这当然不能反映整个研究界的真实人口组成。

请注意，这仅仅是一个例子，它当然并不意味着科学家是身穿衬衫的黎塞留，正在密谋通过利用科学来统治世界。确实，诸如美国科学促进协会之类的协会的活动在促进对其有利的研究和政策的重要性方面起到了很大的作用。游说团体（科学的和非科学的）的存在是权力结构的内在组成部分，因此无论如何都不应对其进行妖魔化，但是必须对它进行监管，以防止非常富有和有影响力的个人群体的利益高于社区的权益，就像林奇作品中的帮派或海因莱因作品中的巫师协会一样。

间谍和破坏 ✡

1939年，德国科学家奥托·哈恩、弗里茨·斯特拉斯曼、利兹·迈特纳和奥托·罗伯特·弗里施发现了核裂变的过程。已经抛弃纳粹德国的物理学家莱奥·西拉德意识到了这一发现的可能后果，于是致信美国总统富兰克林·罗斯福，以警告他其中的潜在威胁。为了增加信件能够送达的可能性，他说服了他的老朋友、1921年的诺贝尔奖获得者爱因斯坦与他共同签署了这封信。罗斯福认真地考虑了他们的建议，并在两年后启动了曼哈顿计划，由罗伯特·奥本海默、理查德·费曼、尼尔斯·玻尔和恩里科·费米（但是没有爱因斯坦）等有才能的科学家参与，范内瓦·布什也在该计划的诞生和管理中发挥了核心作用。德国原子能计划的部署中还安排了诸如沃纳·卡尔·海森堡、瓦尔特·博特和卡尔·弗里德里希·冯·魏扎克等高级科学家。这是一场全球战争背景下的真正的科技竞赛，导致了“小男孩”和“胖子”两枚原子弹在日本广岛和长崎的引爆。

我谈论这个历史性的时刻，不是为了要讨论它的伦理含义，讨论战事主角的观点、观念的变化、不确定性和恐惧等事件特征。我之所以提到它，是因为原子弹竞赛是科学如何在军事领域应用的最直接、最有力的标志之一。但是它肯定不是第一个。

在这方面，我们不能不提到帮助人类登上月球、协调土星五号多级液体燃料火箭的设计和开发的航空航天工程师韦恩·冯·布劳恩。他在 1945 年向美国人投降之前，曾经是 V–2 导弹的发明者，纳粹用它轰炸了伦敦、安特卫普和北欧的其他目标。另一个重要案例是德国人用来加密其通信的英格玛，这对于盟军的胜利具有决定性作用，其中涉及的数学和密码分析专家包括艾伦·图灵。

然而，科学与战争之间关系的真正转折点是美国南北战争与第一次世界大战之间的时期。在这段时期，工业化和大规模生产导致了新武器（例如潜艇、飞机）的发展以及其他武器（例如毒气、机枪）的改进，各国也大力招募科学家，开发在战争中占据上风的新方法。

在过去的几个世纪中，军事科学的研究并不是那么结构化和广泛的，但这并不意味着统治者没有雇佣科学家来开发新的军事工具。艾萨克·牛顿通过对运动和重力数学的研究，为弹道学做出了重要贡献。伽利略设计了一个军事几何罗盘，用于执行复杂的数学和几何运算，包括计算枪的弹道，并通过宣传其望远镜的战争潜力来打动威尼斯人。在天才达·芬奇涉猎的众多领域中，还有军事工程领域，这一点可以从他设计的战争机器（包括坦克原型）中得到证明。更不用说伟大的数学家和古代发明家阿基米德了，伽利略将他视为自己的老师，他对几何学、力学、流体静力学、工程学、天文学都做出了巨大贡献。他还成名于科学领域之外，因为他在第二次布匿战争期间发明了用来保卫锡拉库萨免受罗马军队袭击的增强版弩炮、弹射器、一种用来倾覆敌船的起重机（被称为铁手）和最著名的装置——燃烧的镜子[1]，它能够将阳光集中到罗马船只上，使船只着火。

自从人类打磨火石并制造基础的武器以来，技术以及使之成为可能的科学一直在战争中得到应用。魔法亦是如此。

魔法师可以是军事冲突中出色的辅助元素：乔纳森·斯特兰奇是苏珊娜·克拉克小说《英伦魔法师》的主角之一，在西班牙对拿破仑的独立战争中，他被派去协助惠灵顿公爵。在战争中，他为了将公爵从威胁中解救出来，开辟了道路，

[1] 实际上，人们对使用燃烧镜的战争提出了一些怀疑。可以使用镜子来燃烧木制物体的确是真的，但是在公元前212年，似乎不太可能在技术上制造出形状适合于聚集太阳光线并引起火灾的镜子；更不用说在如今进行的类似的实验中，科研人员使用的都是静止的物体，而不是移动的船舶了。事实是古代人已经知道可以通过镜子汇聚阳光并产生热量的可能性，而且阿基米德确实设法用投掷武器和燃烧物质点燃了罗马船只，因此不能排除是由于这两个事实叠加在一起，才创建出这样的传奇。

移动了城市（这就是布鲁塞尔最终进入美洲平原版图的方式），召唤了幻象来迷惑敌人，并询问尸体以寻找信息。在罗伯特·乔丹的《时光之轮》中，艾塞达依利用她们能够打开远距离穿梭门的能力轻松地移动士兵和武器，从而在物流方面提供了巨大的战术优势。穿梭门作为观察和信息收集的工具也非常有用。收集信息也是《成人童话》中弗劳·托滕金德的许多任务之一，她凭借自己的力量，开发出有效的间谍系统，使自己能够监视对手的行动并研究在帝国和童话小镇之间的战争中的适当对策。这位强大的老巫婆也是流亡童话社区魔法防御工事的协调人，如果没有她的果断支持，童话社区在几次威胁性较大的主要危机中几乎无法幸存。

炮灰士兵的数量优势和可用性也是战争中非常有利的因素。因此，拥有一个或多个可以使尸体复活并向敌人投掷尸体的死灵法师也可以改变战局，正如每个在《魔兽争霸》中玩过亡灵角色的人都知道的那样。如果能够像格伦·库克——《黑色佣兵团》中的魔法师一样，甚至还有机会能够召唤恶魔般的生物的话，那就更好了。

然后是武器生产方面。在《冰与火之歌》中，提利昂·兰尼斯特命令用火术士（炼金术士）的野火来消灭史坦尼斯·拜拉席恩舰队，从而扭转了国王着陆战役的命运，这是军事上使用炼金术士的一个很好的例子。《英雄之地》三部曲中的基里亚斯魔法师则走得更远，创造了相当于原子弹的炸弹，将德文达市夷为平地。

但是，许多施法者（在这里与真正的科学家有着天壤之别）可以走到战争前线来发挥其破坏性的威力：在《黑色佣兵团》

的传奇故事中，巫师人数很少但非常强大，其中一些人毫不犹豫地选择了上阵，屠杀敌军；在《玛拉兹英灵录》的传奇故事中，甚至还有整个巫师集团展开咒语攻击的情况。在许多角色扮演游戏和视频游戏中，高级巫师一个人就可以成为一支真正的军队，能够独自对抗大批敌人。一个人就相当于一个大规模的毁灭性武器。

魔法师和科学家 ✡

“我的魔法师一直是他们所生活的世界的科学家，一直都是。他们是明智的人，他们通过研究来学习和认识自然法则，并最终利用它们去做别人无法做的事情。”莉西亚·特洛伊斯在我们关于科学和幻想的聊天中这样告诉我。正如我们所看到的，她并不是唯一这样认为的人。除去方法上的某些差异，魔法师和科学家在他们所属的社会中扮演着非常相似的角色。

在这种意义上，最详细、最有趣的分析之一来自特里·普拉切特无形大学的描述。他的整个《碟形世界》的传奇都是对奇幻作品的戏仿，这种风格的许多原型都以幽默的方式被颠覆。有趣的是，这个英国作家为了嘲笑魔法师，将其描绘为真正的学者的讽刺滑稽形象，带有他们的怪异之处和冲突（长期以来，在无形大学中传统的晋升方法就是谋杀自己的上级），带有他们的野心和与现实脱节的特征。因此，普拉切特、生物学家杰克·科恩和数学家伊恩·斯图尔特在介绍《碟形世界》

时，总结了这个话题：“乍看之下，魔法师和科学家处于两个遥远的世界。当然，一群穿着奇怪衣服的人，生活在自己的世界中，说着一种特殊的语言并经常发表看起来与常识形成鲜明对比的陈述，他们与一群穿着奇怪衣服，生活在……嗯……呃……的人无关。”相反，这并不意味着《碟形世界》的魔法与我们的现实世界的科学是一回事：它们以截然不同的方式运行，但往往有着相同的研究方法。它们有一个共同的关键要素，普拉切特、科恩和斯图尔特称之为叙事的势在必行。但是，在谈论它之前，我们必须先解释下有关规则的问题。

第九章

制定规则，建造世界

✡ 合理化的奇幻文学

约翰·坎贝尔是科幻小说作者中的中流砥柱，也是著名的《惊人科幻小说》杂志的作家和编辑（从 1937 年担任，一直到 1971 年他去世），他发掘了诸如阿西莫夫和海因莱因等作家，并影响了其他许多作家。他在 1966 年的一篇社论中解释说，科幻小说与奇幻小说之间的区别在于以下事实：科幻小说从一到两个假定出发，由此产生出一系列逻辑后果；而对于奇幻小说来说，“唯一的规则就是每次都创建一条你需要的新规则”。很多年前，也就是 1939 年，他试图通过发行一本新杂志《未知》来挑战这一观念，并鼓励杂志的作者们将写作科幻小说时所用的相同的逻辑和理性方法用在奇幻故事的创作上。

在响应约翰号召的作家当中，有里昂·斯普拉格·德·坎普和弗莱彻·普拉特，他们发表了一系列以心理学家哈罗德·希亚为主人公的故事。哈罗德·希亚穿梭在神话和民间传说成真的世界里，将象征逻辑和数学运用到魔法中；还有罗伯特·海因莱因也在《未知》杂志上发表了我们已经在第七章中谈到过的《魔法公司》；杰克·威廉姆森，在故事《潜在的异族》中提供了关于狼人的科学解释；最后是弗里兹·利伯，他在《魔法之妻》中将社会学教授与会魔法的妻子组合到一起。《未知》杂志在公众中没有获得很大的反响，第二次世界大战期间，纸张短缺的现实问题直接导致了它的停刊，但由于多种原因[1]，它仍然在奇幻创作发展的历史中留下了深刻的印记。但现在我们更感兴趣的是，它是如何证明即使是充满怪物和巫师的世界也可以拥有自己的规则，从而为所谓合理化奇幻文学的更为科学的创作模式开辟道路。

在前面的章节中，我提到过属于这一类别的许多代表性作品，但我没有说起过达西勋爵的故事。达西勋爵是由兰德尔·加勒特创作的人物，他是替代虚构的世界里 20 世纪后半叶诺曼底公爵的督察。在那里，狮心王理查的后裔是受英法帝国指挥和操纵的。魔法是一门已有七百多年历史并且具有扎实理论和实验基础（不像物理学，只有少数稀奇古怪的学者才会考虑物理学）的学科。达西勋爵自己不是巫师，但是陪同他进行所有调查的肖恩·奥洛克莱恩是。确切地说，肖恩是法医魔法师，他使用自己的咒语分析犯罪现场，并向调查人员（和读者）提供解决案件所需的信息。加勒特并没有将魔法当作可以做任何事情的叙事元素，也没有使用魔法来混淆情节或者制造意想不到的曲折。相反，魔法严格定义了规范它的法则，解释了它可以做什么，并且确保它与故事背景保持一致。

例如，在加勒特的世界中，举隅定律指出部分等同于整体，反之亦然。基于此原理，使用适当的材料和工具，可以从犯罪现场发现的一块布开始当场还原整件衣服。得益于邻

---

[1] 为了让大家更好地理解，我在这里做一下说明，在《未知》杂志上也刊登了弗里茨·利伯以法弗和格雷·穆瑟作为主角的第一部小说。作家不仅创造了“剑与魔法”这一专业术语，而且凭借他笔下的这对冒险家的故事，他也成为了该奇幻文学子流派的主要代表人物之一。

接定律（根据该定律，结构的任何元素始终是该结构的组成部分），可以通过窗户的玻璃碎片找出当某人打破窗户时这些碎片所处的位置，从而设法推断出在玻璃破碎的瞬间人所在的位置以及此人是否是自己扑向窗户或者受到他人推搡所致。这两个定律都体现了更普遍的传染定律的具体应用：彼此接触的两个对象的相互亲和力与其接触的紧密性及其持续时间成正比，而与接触中断后的时间长短成反比。同样地，相似定律也非常重要，即相似的事物会产生相似的效果，例如，可以将其用于比较两个血液样本并确定它们是否属于同一个人，是否属于两个亲戚或是属于两个没有任何亲缘关系的人。相似程度的衡量标准从 1 到 46，例如，与父母中的一方相比，孩子的相似值一般为 23[1]。

传染定律和相似定律不是加勒特的发明。“如果我们分析魔法所依据的标准，我们会发现主要就是这两个：第一，相似产生相似，即效果类似于原因；第二，事物之间一旦相互接触，即使物理接触被中断，也仍将持续进行远程交互。第一个原则可以被定义为相似定律。第二个就是传染定律或接触定律。”因此，在 1890 年，人类学家詹姆斯·弗雷泽在他最著名的作品《金枝》中解释了交感（或模仿）魔法的基本原理。他在一篇论文中声称人类在其进化过程中已经用宗教取代了魔法，后来又用科学取代了宗教，作为全世界的知识工具。

虽然弗雷泽的理论受到其他很多人类学家的批评，但是

---

[1] 恰好人类的染色体也是 46 条。

却对文学产生了重大的影响。霍华德·菲利普斯·洛夫克拉夫特、威廉·叶芝和詹姆斯·乔伊斯等作家，包括我们的兰德尔·加勒特都受到了该理论的影响。此外，该理论对弗里茨·利伯的创作也起到了重要作用，例如，弗里茨·利伯在《魔法之妻》中明确提到了弗雷泽，其中的教授主人公为了将科学方法应用于巫术，专门查阅了弗雷泽的作品《金枝》。罗伯特·海因莱因也将弗雷泽这个名字作为其作品《魔法公司》主角的名字，并列举了一些类似于苏格兰人类学家制定的法则。作家里昂·斯普拉格·德·坎普和弗莱彻·普拉特在《哈罗德·谢伊》的故事中，以及探险家和神秘学家威廉·西布鲁克在 1928 年至 1941 年间写过的一些有关巫术和原始习俗的书中都曾经提到过弗雷泽的理论。

弗雷泽的人类学观点虽然受到许多同行的反对，但似乎在利伯、斯普拉格·德坎普、普拉特、海因莱因和加勒特等作家将奇幻魔法与科学方法联系起来的方面发挥了关键的作用，同时也促进了超自然的定律和规则的发展。但是，除了对人类学和科幻小说的影响之外，这些定律还有什么用呢?

魔法定律 ✡

帕特里克·罗斯福斯花了十五年的时间写出了《风之名》，对其中的历史和人物进行了长达十五年的彻底梳理。整个过程并未影响到交感魔法系统。凭借其科学基础，该系统一直保持着完整性。罗斯福斯在接受《连线》杂志采访时说，他的灵感来自“许多隐秘魔法在文艺复兴时期的概念，比如翁贝托·艾柯的《昨日之岛》之类的。还有牛顿在他的时代所进行的炼金术。我这里取一些，那里取一些，然后把它们放在一起，成为一个紧密联系的系统。此外，我还深受现代科学的影响”。从这些基础出发，他开发了一套具有科学结构的魔法学科（在他作品里的大学里进行教授），并根据不同现象的热力学和物理学原理进行计算。所有这一切都是因为“一旦我向你解释了这种结构，如果我的角色机智地运用了它，你就能够充分理解这种结构的巧妙构思，这是非常令人满意的。而如果你所看到的世界没有这样的一个可理解的、明确且相互联系的系统，你就不会获得相同的满足感”。

这个概念可以用另一种方式表达：作者通过魔法圆满解决角色之间的冲突的能力与读者对上述魔法的工作原理的理解成正比。

请注意，这不是我下的定义。这是布兰登·桑德森制定的三大法则中的第一条。这三条法则不是解释魔法如何运作的内部法则，就像到目前为止所看到的那样，而是一般的叙事定律。让我们先关注第一条定律：如果未对魔法进行某种方式的规定，则存在将其作为机械降神来使用的风险，用来解决角色面对的冲突，从而削弱了故事的叙事张力和情节的一致性。从这个意义上讲，魔法就如同一把剑、一辆汽车或装满钱的公文包之类的工具。如果这些物体当中的某个在角色需要的时候突然出现，人们就会想知道它是从哪里来的以及角色是怎么拥有它的。如果没有提供充分的解释，那么读者或观众和作者之间的默契可能会出现裂痕，甚至在过度牵强的情况下直接破裂，这会导致读者或观众抱有怀疑的态度，从而无法融入到作者创造的世界中。

桑德森划分了两种类型的魔法系统。一方面，我们有软魔法，其中魔法凭借其神秘而奇妙的特性创造出奇幻的感觉，使读者可以想象出超越凡人理解范围的力量。《指环王》就属于这一类：托尔金没有解释魔术是如何运行的，暗示了不可想象的力量的存在，但是很少使用它来推进剧情。虽然尚不清楚甘道夫的权力极限是什么，不过从另一方面来说，他也不是主角。读者（或观众）通过霍比特人的眼光看待世界，霍比特人凭借自己的才华而不是未知的奇迹克服了各种障碍。托尔金的魔法并非机械降神，就和乔治·R.R. 马丁的《冰与火之歌》里的魔法也不是一样的。在这两个作家的作品中，魔法更多的是需要角色使用非魔术手段来解决的问题（至尊魔戒、龙的觉醒、异鬼）的根源。

另一方面，硬魔法系统是我在本章中提到的系统。兰德尔·加勒特或罗伯特·乔丹之类的作者解释了魔法在他们的世界中是如何运作的，他们使魔法成为一种叙事工具，可以用来推动剧情，而不会跟读者开玩笑。桑德森本人是一名受过训练的生物化学家，他公开宣称将魔法视为科学，并创建了详细的硬魔法系统。他之所以这样做，是因为他觉得很有趣，因为这是一种有效的叙事方法，也因为他更喜欢揭开谜团和发现的过程，而不太关注他自己不感兴趣的神秘主义。他没有详细地介绍（另一方面，我们也不了解大自然的所有定律），只是为读者提供了了解魔法可以做什么或者不能做什么的必要工具。总之，我们始终站在克拉克定律的一边（定律的第一种解释）。作为硬魔法系统的一个例子，桑德森引用了科幻小说的一个要点：“在阿西莫夫的机器人系列的故事中，他概述了三个截然不同的定律，并且他从未违反或改变过这些定律。通过这三个定律的相互作用，他构思出了许多出色的故事和想法。”桑德森在他的网站上这样解释道：“硬魔法系统不一定比软魔法系统更科学，它只是更加严格和更具有编排性。”

使用其中一种魔法系统还是另一种（或者两者的结合），这取决于故事的类型、故事涉及的主题以及推动叙事展开的观点。在加勒特的故事中，必须对魔法进行解释，以使读者能够获得与调查员达西勋爵相同的信息来看懂案子的进程。相反，马丁在《冰与火之歌》中从未解释过魔法的作用，使得读者不断地思考魔法对事件的实际影响。是一个诅咒杀死了那个人，还是他真的从桥上掉下来了？如果揭露它就会破坏这种神秘感。

软魔法和硬魔法并不是相互排斥的，它们代表着衡量作者对魔法的使用程度的标准的极限，因此许多系统可以同时具有这两个组成部分。正如桑德森本人所估计的那样，在他的作品中，硬魔法的使用比例达到了80%。在更加传统的奇幻作品（托尔金的作品、厄休拉·勒金的《地海传奇》、克莱夫·刘易斯的《纳尼亚传奇》、特里·布鲁克斯的“沙娜拉”系列）中，用得更多的则是软魔法。“哈利·波特”系列则是一种中间立场：有些魔法规则和定律与某本书中的内容是一致的，但可能又与下一本书中引入的规则和定律相矛盾。在罗斯福斯的小说中，我们可以找到硬魔法、交感魔法，也可以找到软魔法（例如基于“实名”的魔法或是仙灵的魔法这样不是很科学的学科）。正如作者所解释的，这是因为“故事中的魔法应该要给人一种惊异和神奇的感觉。交感魔法可以实现很多事情，但通常并不出人意料。它永远不会让您真正感到惊讶和奇妙。因此，我两种魔法都要”。

《遗产》三部曲、“梦血”系列和《破碎之地》三部曲的作者诺拉·杰米辛在最后这一点上的观念表达得更加激烈：对她而言，魔法必须激发惊奇感，并且为了达到这个目的，只有超越人类已知的极限，挑战逻辑和理解，将人类带到科学无法到达的地方。如果过于合理化，魔法就失去了该有的样子，而变成了其他的东西，变成了当前人类认知范畴里不现实的、异常的、令人惊讶的一种现象（例如超光速旅行或超能力），但仍然是可分析、可理解、科学的，因此就不是魔法了。杰米辛抱怨说：“她在许多奇幻作家和读者身上都看到了一种对‘规则必要性’魔法的痴迷，认为魔法必须是合乎逻辑的，必须具有局限性、后果、能量交换、内部一致性、明确的因果关系以及经过精心实验证明可重复的法则。”这对她来说是一个困扰，不是因为她鄙视这种更机械地处理魔法的方式（她自己在小说中用这样的方式来表征某些力量，但并没有称其为魔法），而是因为这种方法似乎已经占主导地位并且经常被过度使用了。她认为，这个问题的一部分就在于受到角色扮演游戏的影响。

✡ 规则诠释的奇幻世界

杰米辛特别提到了《龙与地下城》，她也是该游戏的粉丝，但是在分析杰米辛和其他许多作家对奇幻小说与角色扮演游戏之间的关系所做的评论之前，我们先往回退一步，看看它们分别是如何诞生的。

自古以来，人们就试图在游戏桌上重现战争。因此，在公元前就出现了印度恰图兰卡和波斯沙特兰兹两大古老棋类，欧洲象棋就是从中衍生而来的。欧洲象棋是没有随机元素的游戏，完全基于玩家的战略技能。几个世纪以来，一直到1780年，不伦瑞克军事学院的数学学者兼老师约翰·赫尔维格才开发出其他的玩法。

为了模拟战争的不同方面，赫尔维格创建了巨大的棋盘，引入了按照相对规则运动的新棋子，修改了棋盘格子，使其代表不同类型的地形并允许更多玩家参与。在后来的版本中，他用微缩模型代替了棋子，更改了棋子的名字，使用了真正的军事单位来命名，引入了远程攻击以及移动和捕获对方棋子的动作，发明了补给和通信的规则。告别了象棋的抽象，迎来了真实的模拟！

“战争游戏”（Kriegspiel，德语中的“战争游戏”）在普鲁士军队中获得了成功，在那里被开发并扩展为一种训练工具。这些战争游戏的一个重要的新颖之处是引入了骰子，用于模拟每个战略家在真实战场上必须面对的不可避免的不可预知性。如今，游戏对模拟方面的追求占据了上风，其趣味性几乎完全被弃置。一些专家认为，这种变化会使玩家很难沉浸在游戏中，从而降低了通过游戏进行训练的有效性。

在19世纪，由于像赫伯特·威尔斯（就是他，《时光机器》和《世界大战》等科幻小说的作者）以及弗莱彻·普拉特这样的政要人士的努力，战争游戏脱离了军事领域。在20世纪50年代，有关该主题的杂志和书籍陆续出版，诞生了专门发行此类书刊的出版社，一个真正的战争游戏爱好者的市场逐渐形成。从20世纪60年代开始，这种市场就受到了奇幻作品的影响。加里·吉克斯和戴夫·阿内森进入了人们的视野。

1971年，加里·吉克斯与杰夫·佩伦一起制作了一款以中世纪为背景的微型游戏《锁链》，其中还包含一个模拟奇幻冲突的补充包，灵感来自托尔金、霍华德和莫尔科克的作品。游戏不仅为玩家提供了经典的群体战争场面，也提供了个体之间战斗的可能性。戴夫·阿内森在《布莱克摩尔男爵》的奇幻场景中也使用了这样的处理方式。之后，吉克斯和阿内森共同创建了一个新的游戏，该游戏允许单个角色进行探索地牢和城堡、与怪物战斗、收集宝藏以及其他非战斗类的活动。这些活动全都是在大师的指导下进行的，大师指的是游戏的旁白兼裁判，负责创建、管理和讲述其他主角玩家的故事。1974年，他们以《龙与地下城》的名称推出，卖出了一千份。十年后，它的玩家人数达到三百万人次，到2004年更是达到了两千万人次。这个游戏的成功激励了其他作者积极投身到行业中来，在许多不同的方向上探索新的可能性和方法，为着一个不同的目标：制定真实可行的规则来模拟世界和创建故事。

“小说的作者和角色扮演游戏的作者之间的区别在于，前者将你带到他想要你去的地方，而后者则必须使你有条件去到你想要去的地方。这意味着角色扮演游戏的说明手册必须为玩家提供一套连贯的信息，包括游戏中存在着什么样的技术以及它是如何工作的，角色受伤或生病后会发生什么，有没有神灵存在，如果有神灵在的话，玩家可以做什么，以及关于如何管理魔法及其实际应用的信息。”作家兼游戏设计师毛罗·隆戈这样告诉我，“然后这还取决于玩家的需求，比如，有些人更侧重于打斗和性格提升等娱乐方面。《龙与地下城》的设计者们，由于仍然沿用战争游戏的设置，对战术的重视远远多于对解释说明的重视。其他设计者则更加关注游戏的沉浸感，因此会制定复杂的规定来模拟现实，以提供给玩家尽可能多的逼真感。然后还有些玩家认为好的游戏可以跳过趣味和仿真的需求，他们更喜欢将注意力放在叙事效果和共同创造刺激的故事上，而不是在战斗的战术上。”

关于游戏中的魔法系统，《龙与地下城》的魔法系统受到万斯“濒死的地球”系列的启发，巫师在出发去冒险之前会记住一定数量的咒语，而在施咒之后会立即忘记它们。随着他们经验的增长，他们能记住的咒语的数量和力量也会增加。总而言之，对于一款从战争游戏发展而来，对战术方面仍然非常重视的游戏来说，这是一个非常简单而实用的游戏系统：在进入巨龙洞穴、兽人堡垒或是不死生物居住的古老神庙之前，选择正确的咒语，可以决定游戏结局时的生与死。其他游戏也开发了各种复杂的魔术系统：基于一系列的咒语或是基于通过支付相应能量（通常称为玛那）成本来创造各种魔术效果的可能性。

从这个角度来看，一个具有代表性的角色扮演游戏案例是科尔曼·查尔顿的《指环王》游戏，该游戏将小说中的软魔术系统转换为一组咒语的表格和列表，从而削弱了魔法的神秘感，变得清楚易懂，与托尔金作品中的魔法截然不同。

生命值与怪物图鉴 ✡

魔法只是角色扮演游戏用规则来诠释的众多方面之一。自角色扮演类游戏问世以来，格斗一直是该类型游戏的重要组成部分，并且对于当下许多游戏而言，包括《龙与地下城》在内，战斗一直是整个游戏的核心。因此，健康管理就显得至关重要：角色可以承受多少的伤害？某种伤口（在有魔法作用或是没有魔法作用的情况下）的治愈需要多长时间？疾病会带来什么影响？这些问题的答案基本都是通过对每个生物的身体状况进行明确的信息编码来获得的。

《龙与地下城》和其他游戏采用了最简单的解决方案：每个生物都有一定数量的生命值，生命值通常会根据其经验水平和力量的累积而增加；一旦失去所有生命力，生物就会倒地。当然这不是一个现实的系统（高阶的角色要挨好几下剑才会倒地），但却非常适用于趣味性的英雄游戏。相比之下要复杂得多的是科尔曼·查尔顿的角色大师系统（《指环王》游戏的系统也是源自该系统）。该系统以对不同类型伤口的非常详细的描述而闻名。也就是说，每一次攻击，除了会减去一定数量的生命值外，还有一定的可能性会产生根据重力和类型（砍伤、刺伤、烧伤等）进行分类的临界效应，可能会导致各种后果（流血、骨折、器官损坏或肢解），这些后果也会转化为具体的数值（每回合总共损失的生命值、运动损失、瞄准射击的损失、头部受到攻击时的损失）。

另外，角色的心理健康也必须得到保障。在这一方面，桑迪·彼得森制作的游戏《克苏鲁的呼唤》堪称典范，因为发疯（正如他从中受到启发的其他作品一样）是他作品中的角色最常见的命运。最新版本的游戏手册有一整个章节都是关于心理健康的。在游戏中，心理健康的数值会根据所遭受的不同创伤而发生变化：看到被压碎的动物尸体会导致一到两个健康点的损失，看到大克苏鲁会使角色损失一百个健康点。健康点的下降最终会导致恐惧症、妄想症、痴迷症或健忘症，从而影响玩家的表现及其角色的技能。在其他许多游戏中也发现了对精神健康的类似关注（有时也有对各种精神障碍的详细描述），这些游戏中的超自然生物也都具有一定程度的恐怖特征。最有趣的系统是约翰·斯科特·泰恩斯和格雷格·斯托尔兹制作的游戏《未知军团》中的系统，系统中有五个指标，分别代表对不同形式的精神压力（暴力、与超自然事物的接触、行动无能、孤立、身份问题）做出反应的能力。还有一种角色，精神的发展机制在受到一系列创伤之后，会产生精神障碍或是心理抵抗，直至变得不敏感为止，但作为交换的代价，角色会失去同情心。

幻想角色扮演游戏的另一个“科学”组成部分是生态。

在许多虚构的世界中，到处都是尚未被各类动植物探索和居住的领土。旅行是在角色扮演游戏中经常出现的奇幻原型，它需要大量数据和规则：各种交通工具的速度、设备清单、环境和气候对运动和身体状况的影响、狩猎和探险的管理，跟踪和伏击的管理、确定随机遇到的生物（根据各个领土上的生物种类，探访的领土不同，遇到的生物也会不同）。所有这些都添加了有关如何使角色移动的环境更加生动有趣的建议。例如，你们还记得我在第二章中谈到的掠食者过多的问题吗？好吧，加里·吉加克斯在第一版的《地牢城主指南》中给出了一些解决方法来平衡掠食者的丰富性，例如，他引入一种或两种繁殖得非常快且生长速度也很快速的食草动物。

怪物图鉴是许多角色扮演游戏中的一个重要元素，其中列出了所有可以遇到的生物，从最常见的无害动物到最不寻常的强大怪物。每种生物的描述都包括游戏的统计数据以及一系列有关其住所、吃什么饲料（除了吃冒险者之外）、遇到各种情况的反应、弱点以及它使用的战斗策略等详细信息。在角色扮演游戏《战锤》旧世界的动物图鉴中，还记载了与每个怪物有关的传言和迷信的内容。

在《龙》杂志页面上经常出现某某生态学专栏，由魔法师埃尔敏斯特以第一人称叙述，每次都专门叙述某种特定的怪物。埃尔敏斯特就相当于《被遗忘的国度》中的梅林或甘道夫。埃尔敏斯特还是《生物自然系统及其周围环境调查》一文的作者。该论文分析了《被遗忘的国度》中环境的不同方面，包括关于捕食者数量的老问题，并作为《埃尔敏斯特生态》手册（1994 年）的开篇。该手册是第一批专门针对生态问题撰写的角色扮演游戏手册之一。

多年来，人们对该学科的兴趣不断增长：在玩家的论坛中，经常会遇到有关食物链、怪物的分类法或栖息地建设的讨论。游戏发烧友们通过共享数据和科学理论，结合游戏规则和统计，参与到这些讨论中，为构建世界创造了肥沃的土壤。反过来，无论是小说、电影还是角色扮演游戏中的冒险，该学科对于营造虚构世界中的沉浸式体验也至关重要。

✡ 奇幻作家的工具

让我们回到诺拉·杰米辛的批判性评论上来。根据她的观点，如果将角色扮演游戏的魔法系统应用到奇幻小说中，就会促使许多年轻作家和读者过多地关注魔法机制，从而忽视了角色的表征、情节的丰富和写作的质量。就有点像角色扮演玩家，过分专注于趣味和模拟方面，而忽略了游戏叙事和解释性方面的内容。如果其他游戏参与者也同意这样的魔法系统，那么它的确可以应用在游戏中，但是在编写小说或剧本时，它就会成为一个问题。

“这种发展高度复杂的魔法系统的趋势肯定是受到角色扮演游戏的影响，因为角色扮演游戏的本质是建立在规则上的。”布伦南这样对我说，“有时候这些规则是通用且灵活的，但是在某些游戏中，例如《龙与地下城》，详细信息的介绍，关于在特定情况下会发生什么的说明，这些内容的篇幅都有一定的下降趋势。”

作家迈克尔·斯旺威克也不看好这种对规则的痴迷。“许多幻想作家都来自游戏世界，游戏世界中需要很多魔法才能运行。而且，魔法必须足够合理才能通过掷骰子进行管理。因此，你认为魔法就是奇幻作品。但坦率地说，奇幻作品不是关于魔法的，”他在博客中这样写道，“奇幻作品的生命力所在，其不能减少的必要特征是什么？是幻想。”因此，斯旺威克又总结说：“奇幻作家的任务不是开发魔法系统，而是营造幻想。仅此而已。”

这并不意味着这些魔法系统在理论上是错误的，杰米辛和斯旺威克也不这么认为。“它们是叙事工具。正如德国的角色扮演游戏《黑暗之眼》的手册里所写的，奇幻作品要变得令人兴奋，也应该尽可能地接近真实。诸如魔法或奇异的词语似乎否认了奇幻作品的现实主义，但是如果一切和一切的对立面都可以发生，那么我们就不在奇幻世界里，而处于超现实之中了。”隆戈如是说。

“角色扮演游戏对奇幻作品产生的一个重要影响与魔法的局限性有关。每个咒语都有成本，可以通过消耗魔法能量、较为昂贵的材料或身体健康的方式来交换，也就是说不能任意使用魔法为所欲为。像托尔金这样优秀的作者就不需要类似的工具，但是有很多作品里面的魔法师都是根据故事的需要来获得魔法技能，这样就会损害作品的可信度和连贯性。”弗朗西斯卡·加雷洛说道。这与《钢之炼金术士》（我在第六章中谈到过）的等效交换原理以及作家奥森·斯科特·卡德在其写作教程《如何写作科幻奇幻小说》中提出的建议没有什么不同。这也是桑德森第二定律的中心思想：魔法力量的局限性、成本和弱点比其潜力更有趣。这个概念不仅适用于魔法，而且适用于作品中其他的很多元素。“然后，角色扮演游戏也会产生负面影响，例如某些机制的僵化或不同阶层的刻板形象，从体弱的魔法师到牧师[1]，再到遭受巨大伤害的战士，但总的来说，积极的方面多过消极的部分。”加雷洛总结道。

根据作家兼游戏玩家万尼·桑托尼（他是小说《板条箱墙》和奇幻小说《未知土地》的作者）的观点：“《龙与地下城》及其衍生游戏对我们想象奇幻作品的方式产生了巨大的影响。最显而易见的例子就是《指环王》的小说版本和电影版本之间关于魔法处理的对比。在小说中，当甘道夫击败萨鲁曼时，甘道夫对萨鲁曼说‘你的魔杖碎了’，后来萨鲁曼的魔杖真的碎了，因为就是甘道夫这句话决定了这个现实。而在电影中，甘道夫是用看起来很像魔法火焰的东西炸碎了萨鲁曼的魔杖。这个火焰是哪里来的？就是从《龙与地下城》中来的。然后还有关于魔法规则化的问题，在角色扮演游戏中，魔法的规则化是必需的，因为游戏中需要维持一种平衡。像《指环王》里面的这群冒险家角色在小说或电影中或许是可行的，但从

[1] 这些形象的刻板观念起源于角色扮演游戏，之后随着视频游戏（许多视频游戏也是受到角色扮演游戏的启发，但更侧重于战术方面）的兴起，这些角色的形象又进一步被加强和推广。特别是在大型多人在线角色扮演游戏中，多人玩家的团队共同在线完成游戏任务，成功与否取决于每个参与者发挥其角色作用的能力：坦克通过吸引敌人的注意力来保护抵抗力较低的成员；牧师（奶妈）负责照顾好伤员；秒伤害负责输出大量伤害；然后有各种类型的支援角色负责限制敌人的能力。

角色扮演游戏的角度来看，就是不适用的，因为像甘道夫一样的半神和正常的霍比特人之间的力量鸿沟实在是太大了，这样的差距会导致参与的玩家们在他们正在经历的冒险中无法产生同样大小的影响。”

正如斯旺威克强调的，奇幻作品靠的不仅仅是魔法，重要的是唤起读者对另一个世界的幻想，将读者吸引到其中，让读者产生奇妙感觉的能力。魔法系统只是实现这些目标的手段之一。例如，我在第一章中提到的小说《特伦特夫人回忆录》，里面没有魔法的踪迹，但作家玛丽·布伦南（她也是角色扮演游戏的玩家）从自然主义的角度描述了一种像龙一样的奇幻生物，并围绕对这些生物的研究建立情节，以这样科学地构建世界的方式吸引读者进入到书中的奇幻世界中来。“当有人跟我谈起奇幻作品，认为它应该与现实毫无关联时，我总是会发笑。我在写书的时候，对许多不同的主题进行了大量研究，从气候学到第一批印刷机，从各种疾病到美国最高法院的程序。”布伦南这样告诉我。说到这种写作方法，托尔金绝对是它无可争议的拥护者。托尔金通过（中土世界中我们最熟悉的）夏尔和霍比特人带给我们无限的想象。他以认真、仔细、热情和学术的态度构建出中土世界的各个细节，用模拟真实的手法向我们展示了未知的事物。

在许多角色扮演游戏中，构建世界也很重要，游戏迷们会大量浏览游戏手册和深入分析游戏的文章，寻找新的政治、社会、神话、技术甚至是科学方面的信息。托尔金和角色扮演游戏的双重影响无疑在许多奇幻作家和读者中激发了人们对超细节世界构建的热情，但在这里，就出现杰米辛谈到魔法系统时所担心的风险，也就是说，由于对细节的痴迷而牺牲掉一些更加重要的东西，例如角色、剧情或幻想。

“我认为角色扮演游戏与魔法合理化的这种趋势有关，因为从本质上讲，角色扮演游戏是建立在规则之上的。在某些游戏中，这些规则很直观，但是会倾向于去精确定义许多细节，确定在每种特殊情况下会发生什么，特别是在《龙与地下城》这样的游戏中。极端地讲，这种方法完全消除了个体因素的影响。对我来说，个体因素是魔法与科学之间的主要区别之一，因为魔法是基于魔法师的个性的，而科学，不管谁来实践它，都会得到相同的效果。”布伦南这样说道。

“另一个要考虑的方面是对暴力的美化，这种美化来源于中国香港的武术电影。该电影的影响最先体现在漫画中，后来逐步扩展到其他领域。某些角色扮演游戏也是受到它的影响，例如《指环王》和《角色大师》等战争色彩非常浓厚的游戏，以及后来的很多小说作品。在我看来，各种形式的媒介包括角色扮演游戏（战术通常是角色扮演游戏必不可少的方面），都对冲突和决斗进行了详细的描述，使得它们看起来真实可信。”桑托尼说道，“此外，具有讽刺意味的是，尽管托尔金在小说中没有描述任何的战斗细节，但是《指环王》游戏的战斗系统却是如此详细。”桑托尼也不排除《龙与地下城》及其类似游戏的对叙事小说的影响可能会带来屈从于某种形式主义的风险。“但事实上，这些角色扮演游戏的注释文字，如果既不是常规的对现实的描写，也不是简单的引用，那么就是作者可以有效使用的新的叙事工具，并且今天的读者对此也表示理解和欣赏。就有点像我们在小说中使用的电影蒙太奇手法，曾经这似乎是一种创新，如今已被认为是理所当然的。”桑托尼总结道。

规则到底好不好？这个答案因角度和叙事敏感性而异。制定好的规则是有助于叙事的工具，因为它们可以限制机械降神的使用，有助于提高魔法或生态系统的真实性，并且可以通过使读者参与解谜过程或想象某种力量的应用来吸引读者（并且规则也是使共同叙事过程有效进行的基础，而角色扮演游戏就是建立在共同叙事的基础上的）。另一方面，制定规则的风险就在于它们会成为关注的焦点，从而抹杀掉作品在情节和角色方面的优势，因为在过于复杂的魔法系统或过于详细的世界建构的压制下，叙述的空间会受到挤压，叙述的效果也会受限。

INCANTO

第十章

科学与幻想

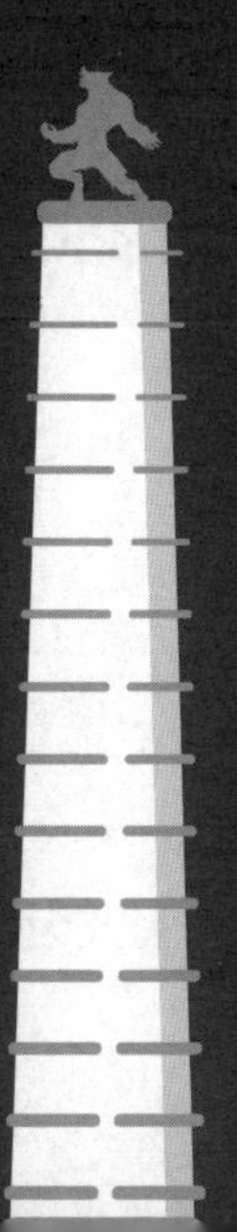

✡ 错误的二元论

我们穿越科学和奇幻世界的旅程即将结束。我们探索了龙的洞穴，遇到了传奇的动植物，研究了奇妙的进化过程，并揭示了死灵法师的秘密；我们研究了魔法的不同形式，从万物有灵和仙灵的魔法到炼金术士的前科学魔法，再到技术魔法的兴起；我们认识了著名的魔法师和科学家，发现他们的共同特征比想象中的要多；我们深入研究了规则、角色扮演游戏和想象之间的复杂关系。

就像任何一个名副其实的故事一样，我跟你们讲述的这个故事也充满了各种冲突。从另一方面看，科学与奇幻的结合听起来的确很奇怪：一方面，科学这门学科在集体想象中总是与严谨、规则、准确性、合理性、对解释的持续性寻求等特征相关；另一方面，对于许多人来说，奇幻是非理性、纯幻想、神秘主义和逃避现实的代名词。两者之间的区别加剧了大众的偏见和批评。下面我们看几个意大利的例子来了解一下相关争议的情况。

2007 年，逻辑学家和散文家皮尔吉奥吉奥·奥迪夫雷迪在《共和报》上发表的一篇文章中评论了高中生缺乏数学知识的问题，他说："如果一个人从小就为'哈利·波特'系列或《指环王》的传奇故事着迷，成年后就有 10% 的可能性会成为每年向巫师、占星家、算命先生或治疗师咨询的六百万意大利人中的一员，也很可能成为每年拜访皮奥教皇向他祈求恩惠或奇迹的六百万朝圣者之一。试问，这样的人他怎么能够学会理性思考呢？”四年后，奥迪夫雷迪在同一家报纸的版面上发表题为《大量虚构小说对现实原则产生的有害影响》的评论文章，他判定说“三位一体的文学、电影和电视市场淹没了公众，使他们陷入了虚幻的不真实的世界。从《指环王》和‘哈利·波特’系列，再到《星球大战》或丹·布朗小说中的罗伯特·兰登”。

他的意思就是，如果你们读了奇幻作品，你们可能就无法理性思考[1]，无法计算和区分现实与小说。后来再次加重这种责备的是生物学家爱德华多·邦西内利，根据他的观点，奇幻作品取得巨大的成功，是因为“它体现出逃避、脱离接触和放松的最大可能性”，正如他在一篇标题为《反对奇幻文学》的文章中所写的那样（2017年发表在《阅读》杂志上）。“至少时空曲率以及轨道空间内人员体重减轻，应该还可以部分地被理解，但魔法、咒语、变形和其他巫术是沉睡在我们祖先知识宝库中的一部分，直至今天也仍然沉睡在我们的知识体系中。因此，魔法构成了最大限度地脱离现实和逃避责任，历史上的这两大需求直接导致了浪漫主义的诞生和启蒙运动的解体。如果知识是探寻真理，那么魔法就是随风而去。”他这样补充道。但随后又给出慈悲的一击，总结说：“无论如何，不难发现这一切与各类替代医治方法或自我治疗方法的滥用之间的关联[2]。不应

[1] 再者说，理性思考到底意味着什么？解决这个问题也很有趣。或者换个说法，如果思考受到偏见、逻辑谬论和自我的影响，还是否属于理性思考的范围？

[2] 不要以为这只是意大利的问题，根据美国最知名的科学普及者之一理查德·道金斯的说法，魔法故事是反科学的，并且可能对儿童的理性思维产生危险的影响。

忽视将魔法作为各类事件解释基础的阴谋主义的猖獗。”

从哪里开始呢？

例如，如果按照奥迪夫雷迪和邦西内利的逻辑，像伽利略·伽利雷（他非常喜欢《疯狂的奥兰多》，还研究占星术为他人有偿占卜）或艾萨克·牛顿（他喜欢炼金术、解读《圣经》和神秘学）这样的人物怎么可能会成为科学革命的中心人物呢？又或者，在作品中创造了各种奇异荒诞世界的霍华德·菲利普斯·洛夫克拉夫特又是如何成为理性主义者和坚定的怀疑论者的呢？

关于奇幻作品逃避和脱离现实的批评，托尔金在《论童话故事》一文中给出了最好的答案：“如果一个人被困在监狱里，他试图逃脱监狱回家，又或者，如果他逃不出去，只是思考和谈论关于监狱隔离墙以外世界的话题，那么人们为什么要鄙视他？外面的世界并没有因为囚犯看不见它而变得真实。从这种意义上说，评论家们使用逃避这个词就是错误的，并且更重要的是，他们总是不怀好意地将囚犯的逃脱与背弃者的逃跑相混淆。”

此外，的确，在浪漫主义的需求中，也存在着对启蒙理性的拒绝，但是仅仅因为前者瓦解和取代了后者，就将思想、政治、哲学和文化方面的这股强烈热潮总结为魔法思想与科学之间的简单冲突，这样的观点是相当有局限性的。正如哲学家塞尔吉奥·吉沃内在一篇有关《维苏谢文集》的文章中所写的那样，“关于科学和技术的问题，在启蒙主义者认识到其绝对的中心地位后，浪漫主义者又将其妖魔化，现在人们开始意识到这其实是一种误解”。

“当然，在浪漫主义时期，有一种庸俗的说法，即实证主义所庆祝的现实世界与想象的力量相矛盾，因此人们保护自己的唯一方法就是逃离当时只关注科学进步的世界，回到个体的过去，也就是童年时期或是集体的过去，也就是在中世纪等遥远的时代，这里指的是理想化版本的中世纪时代[1]，没有火车和磨粉机的时代。”英美文学和奇幻文学翻译家和评论家爱德华多·里亚蒂解释说，“确实，启蒙主义与浪漫主义之间的关系是那些经常没有存在理由的二元论之一。例如，从幻想的角度来考虑达尔文的进化论是什么。”

我们以英国浪漫主义运动的先驱塞缪尔·泰勒·柯勒律治为例。正如科学史学家马可·恰尔迪在《伽利略和哈利·波特》一文中所讲的那样，柯勒律治（他和威廉·华兹华斯都被称为英国浪漫主义的先驱）并没有拒绝科学，相反他带着极大的兴趣对科学进行了深入的研究。他经常去拜访汉弗莱·戴维[2]和伊拉斯谟斯·达尔文（查尔斯·罗伯特·达尔文的祖父）等科学家，研究生理学和自然历史，并认真研读麦哲伦和库克的探查报告，从中汲取一些想法，创作了长诗《古舟子咏》。最重要的是，正如贾尔迪所写的那样，他非常清楚，“在诗歌作品中自由谈论超自然事物是一回事，而试图证明它们在物理层面上的存在又是另一回事”。在贾尔迪看来，华兹华

[1] 大多数奇幻叙事作品的背景原型都是理想化版本的中世纪，常常会与历史概念中的中世纪相混淆。

[2] 19世纪最重要的化学家之一，现代电化学之父。他首次使用电力分离了钾、钠、钙、钡和镁等元素，并进行了关于一氧化二氮（笑气）的实验，被封为男爵，获得拿破仑勋章，并担任皇家学会会长。啊，对了，他还是迈克尔·法拉第的老师。

斯对机械和物质主义的态度也是坚决批判的，认为这种方法是在扼杀想象力。华兹华斯在他的诗歌《翻倒的桌子》中写道：“我们爱干涉的才智，总错误地扭曲事物美丽的形式，谋杀似的分辨一切。”然而，正如化学家文森佐·谢蒂尼诺在他的著作《第十个缪斯：诗歌与科学》中所强调的那样：“华兹华斯指出，他所反对的科学指的是对事实本身，或是为了应用于物质性生活的纯粹收集，并且他非常赞赏像牛顿这样帮助人们提高对上帝认识的科学家。”此外，这位英国诗人还在他的自传体长诗《序曲》中赞扬了著名天文学家的才智，并且赞赏了伊拉斯谟斯·达尔文的诗歌《自然殿堂》。诗中出现了那些进化和适者生存的概念，此概念后被伊拉斯谟斯的孙子查尔斯重新整理，形成了科学史上最重要的进化论理论。与华兹华斯相反，柯勒律治对这首诗却颇为憎恶。

总之，现实比想象中的要复杂得多，也更加具有多面性，但理性与幻想之间的冲突却远没有想象中的那么严重。因此，现在是时候去探索科学与魔法交汇的中间地带了。

✡ 魔法人类学

“在人类学中，存在着关于魔法与科学之间关系的经典观点。例如，爱德华·埃文斯·普里查德认为，在前工业社会中，魔法与工业社会中的科学起着相同的作用，也就是说，魔法也是试图在无法解释原因的事件之间建立因果关系。”帕维亚大学神经伦理学的研究员兼科学记者丹妮拉·奥瓦迪亚提道，“就像科学家试图确定某种生理过程的分子动力学时一样，魔法师也在试图理解疾病与引起疾病的事件之间有什么样的关联。”尽管20世纪英国社会人类学领域的杰出代表埃文斯·普里查德在许多方面与詹姆斯·弗雷泽还相距甚远，但两位学者都一致同意：魔法是理解（和操纵）现实的一种手段，借助魔法，可以在某些行为和某些事件之间建立因果关系。进行某种仪式将导致某种后果，就像使用特定的护身符就可以得到保护而免受一系列问题的困扰一样。

相关性是一件复杂的事情。建立关联的能力是有好处的，例如，通过某种特别的声音，就可以知道掠食者在附近；或是凭着某种气味，就可以判断出有毒物质的存在。这就是我们在第三章中讨论的启发式方法在大脑中的演变方式，也就是那些帮助我们在处理复杂问题或不完整信息时做出决策的认知捷径。

“与魔法有关的启发式研究有两种，”奥瓦迪亚向我解释道，“第一种与魔法思维有关，即倾向于将实际上不相关的事件关联起来。另一种称为幻想性错觉，其特征在于幻想出并不存在的事物间的联系。它的范围非常广泛，从看见云层中有一只兔子或是吐司片中间有一张脸[1]，到将日常事件和全球性事件与某种阴谋理论联系起来。”

[1] 这种现象称为空想性错视，由于这种现象的存在，我们可以使用一串标点符号组成一张脸。

我们先举一个萨满巫师进行仪式舞蹈的例子：如果第二天下雨，他会说是他前一天的舞蹈求来了雨。这两个事件存在着时间上的关联，先是舞蹈，然后是降雨，但这并不意味着前者是后者的原因。我们都知道，在现实世界中，没有证据显示某些仪式可以影响到气候变化，因此，我们将萨满巫师的陈述视为魔法思维的一个例子。

然而，在奇幻作品中，萨满巫师的舞蹈可能确实会引起大雨。同样在这种情况下，或是我在第三章提到的神灵存在的情况，它不是启发法，而是客观事实。在这些情况下，谈论魔法思维不再有太大意义。也许甚至它都不能算是真正的魔法，就像托尔金作品里面看到精灵魔法的霍比特人一样，在他们眼里，一切他们不了解的事物都是魔法。毕竟，即使在现实世界中，魔法这个词也是一个通用的标签，经常被那些从社会外部观察的人使用。而在社会里面，就像我们所说的，魔法的概念可能根本不存在。因此可想而知，当我们将这个术语应用于一个虚构的世界时，自然法则可能会大不相同。

此外，魔法和魔法思维通常与非理性、迷信和原始思维形式有关。正如弗雷泽所声称的那样，他认为发展的进程是从野蛮主义向文明的过程，从魔法开始，经历了宗教传播，最终在科学中达到顶峰。在对弗雷泽理论（该理论过于投机，基本观点的解释过于牵强）的许多批评中，也有观点认为该理论受到作者所处的维多利亚时代的理性主义的过多制约。即便是埃文斯·普里查德也没有将魔法视为原始的迷信，而是将其视为一系列具有内部逻辑的仪式和信念，这些逻辑和信念与产生它们的社会相关。一个理性的思想体系，总是与它诞生时所处的社会背景相关，并且不能按照西方思维的标准来衡量。

然而，弗雷泽的理论和维多利亚时代的理性主义以及要把与魔法有关的一切都贴上原始和非理性标签的趋势一样，一直备受欢迎和追捧。当然，所有伪科学理论都受到魔法思维的较大影响，但这并不意味着魔法思维本身就是邪恶的。

科学与魔法思维 ✡

“魔法思维还没有到成为邪恶信仰的地步，人们经常需要得出结论、判断、信念以及对现实的描述，但又无法深入研究他们能够掌握的所有信息。”摩德纳和雷焦艾米利亚大学社会心理学教授尼科莱塔·卡瓦扎在接受意大利特异现象监督委员会的恩里科·斯佩兰萨的采访时这样解释道。她进一步补充道：“使用启发式的研究方法并不是导致我们得出错误结论的原因。即使我们认真处理信息，我们也有可能得出错误的结论。这是因为我们对我们希望通过推理得出的结论有所倾向，因此我们通过处理现有的信息来获得那样的结论。”

因此，这不仅是非理性或教育水平低下的问题。科学本身也摆脱不了魔法思维的影响。

乔治·巴黎西是意大利最重要的物理学家之一。他在意大利在线新闻调查网站“链接”（Linkiesta）上接受乔瓦尼·扎格尼的采访时说：“现代物理学存在推广和普及问题。如今，现代物理学更接近于魔法，而不是神秘主义。”这不仅仅是物理学的问题。巴黎西继续说：“目前的状况是，由于缺乏特定的教育，我们被神奇物体包围着，从手机到电视。”他接着补充道：“科学发现的呈现方式使得情况变得更糟，因为它们经常以一种令人惊异的方式呈现，恰恰强调了其神奇的一面。马可·德拉莫写了一本不错的书，名为《直升机里的萨满巫师》，讨论了魔法思想与技术之间的共存问题，并讲述了乘坐直升机在社区和社区之间移动的中亚萨满巫师的故事。”

奥瓦迪亚告诉我：“当诸如物理学或生物学之类的学科遇到有关宇宙起源或意识产生的重大问题时，最终总是会以纯理论的推测研究来进行，这时候魔法思想就在其中发挥了它的作用。我们还必须考虑到现代科学已经变得非常专业化。例如，并不是所有的物理学家都能完全了解量子力学的研究，更不用说更加困难的分子生物学。这意味着，为了提出非常广泛的假设，最终会应用到诸如魔法之类的启发式方法。”

除了这个问题，还出现了另一个有关宣传的问题。奥瓦迪亚说：“通常人们都期待着科学会产生不可思议的结果。我想到许多医学进展的宣言，从干细胞到即将战胜癌症的研究。它们并没有具体说明由于存在多种不同类型的癌症，因此无法承诺能够实现癌症的普遍治愈。这些神奇的魔法思想就是科学家们一手创造出来的，而要消除这些夸张的思想就变得非常困难了。因此也难怪人们会相信奇迹的发生。”

马可·恰尔迪也是这样认为的，他在发表于《24小时太阳报》上的一篇文章中回应了邦奇内利的观点，他写道：“读‘哈利·波特’这系列书，可以形成比平常更加理性的医学[1]观点，因为日常生活中的神奇行为已经比比皆是。”

最后，还有魔术的文化作用问题。

“另一种人类学思想流派是以埃内斯托·德·马蒂诺等学者为代表的。他们研究了意大利南部地区科学与魔法之间的关系，并提出了一些也出现在奇幻小说中的思考。”奥瓦迪亚告诉我，“根据马蒂诺的说法，魔法不仅用于确定因果关系，而且还与宗教相结合，以建立某个社会的文化身份，使其具有区别于其他社会的特征。在这里，它不仅是对不确定问题的一种回答，还是强调个体存在的工具。这让我想起了马里恩·齐默·布拉德利的小说，是我最早读过的奇幻读物之一。该小说从女性角色的角度叙述了亚瑟王传奇，其中的魔法就具有很强的身份功能。”

“在小说作品中，还有许多类似的例子，从托尔金的精灵到理查德·摩根的基里亚斯，从《烽火世家》中花冠星球的居民到《法师：超凡入圣》中的角色，从《马尔瓦的受难者》中的卓尔人到‘哈利·波特’系列中的魔法师。”奥瓦迪亚总结说，“我认为，近年来出现的很多案例都证明，科学作

---

[1] 这种警告已经体现在小说人物维克多·弗兰肯斯坦的故事中。在他的成长轨迹中，经历了从最初对炼金术和神秘主义的迷恋，后又转向了对现代科学的追求。这种转变的发生归功于他炼金术实验的失败以及与因戈尔施塔特大学化学教授瓦尔德曼教授的会面（一些学者认为，这个角色的原型就是我在本章前面的注释中提到的汉弗莱·戴维）。然而，弗兰肯斯坦最终拒绝了科学的内在民主性质，无视他导师的戒律与其他学者的反对，独立一人秘密进行着他疯狂且雄心勃勃的计划。总之，他的行为更像是巫师，而不是科学家。

为一种世俗宗教，作为一套教条和定律而存在，它掩盖了疑点，在谁属于某个群体和谁又被排除在某个群体之外之间建立了清晰的界限。这本身也是魔法思维的一个例子。”

✡ 仙灵已死。仙灵万岁！

在生物学中，最难打破的科学神话谬误之一就是认为进化是一个线性的过程，总是从简单的物种进化到更复杂、更先进[1]的物种。达尔文也担心会存在这种误解，不幸的是，时间证明了他的担心是对的：如果你们使用关键字“进化”在网上搜索图像，你们会发现无数张猴子进化成两足动物的线性进化图。这些猴子逐渐褪去毛发，变成健壮的高加索男性。我们还在弗雷泽的人类学理论中找到了这种扭曲的进化论观点。弗雷泽人类学理论的基础是从野蛮主义到文明的发展过程，从原始和非理性的魔法开始，一直发展到现代科学。这两种观点都是维多利亚时代理性主义的产物。尽管已经有各种科学证据和现代人类学的反思，维多利亚时代的理性主义在今天仍然是流行的，特别是在西方文化中。

这就是在许多奇幻小说中，魔法的衰落与科学的崛起（或

[1] 永远不要与进化生物学家谈论“最先进的物种”。这是为你们的生命安全着想。

因此对充满魔法和超自然现象的书籍、电影、游戏和漫画着迷并不意味着否认逻辑或是放弃理性。这个道理书呆子们都知道。

是魔法的崛起与科学的衰落）总是齐头并进的原因之一[1]。例如，发生在最著名的两位奇幻作家托尔金和特里·布鲁克斯的作品中的故事情节：仙灵生物都从世界上撤离，而人类却占有了世界。两位作家的作品之间存在显著差异：如果正如布鲁克斯本人所承认的那样，在"沙娜拉"系列中，科学与魔法之间的冲突是显而易见的，那么在托尔金的作品中，情况就大不相同了。实际上，在《指环王》的开头，精灵们已经离开了中土世界，在索伦战役失败之后，这种外逃的势头愈演愈烈。这样就开始了第四纪元即人类的时代，在此期间，矮人和精灵、树人和龙等生物在神话和传说中消失了。没有明确提到仙灵魔法与人类科学之间的冲突；要说有的话，这里有的是一个关于文化和象征性进化的故事：第四纪元标志着我们地球的真实历史的开始，其中中土代表的不是历史的过去而是神话的过去。另一个有趣的例子是约翰·布尔曼的《亚瑟王神剑》，这可能是制作最精良的关于亚瑟王朝时期的电影。片中，梅林对摩根娜说："对于像我们这样的人来说，日子是定好的。基督教的神来驱逐异教的神，树林和溪流的神灵开始销声匿迹。这是事物的命运，是属于人类及人类选择的时代。"

总之，无论是科学、宗教的原因，还是复杂的、有时甚至难以捉摸的文化发展导致的结果，仙灵及其魔法的命运似乎总是一样的——衰落。

"文学史表明，这一过程实际上是科学文化在与想象中

---

[1] 另一个原因是，冲突是任何叙事作品的基本组成部分，而科学与魔法、知识与奥秘、理性与非理性之间的冲突在客观上是非常有效的。

取得的新进展所决定的推力和反推力的交替。也就是说，1900年世博会的主角其实是仙女电力，是科技进步的教母。”里亚蒂如此对我说道，“而在文艺复兴时期则出现了白色魔法[1]的伟大主题，可以分为两种类型：一种是仙灵魔法，就是一种可以说是中性的魔法，因为它是属于其他善良生物的魔法，例如《亚瑟王传奇》中的湖中夫人或梅林。这是只有拥有仙灵血统的人才能施展的一种魔法，也是自然法则统治（与人类世界的统治不同）关系的体现。白色魔法的另一种形式是以研究和调查为基础的。借助研究和调查，人类学会了控制自然而不必诉诸恶魔契约即黑色魔法。例如，塔索就是一位非常熟知这些理论交汇点的作家，在他的诗歌作品《被解放的耶路撒冷》中，阿斯卡洛纳的魔法师就是揭秘自然定律。

作家玛丽·布伦南也非常了解这些主题，她在“玛瑙法院”系列小说中将伦敦的仙灵与该国的工业化相比较。“对我来说，找到一个合适的平衡点，让我的仙灵们在不放弃自身神秘性的同时可以构建出一种以查尔斯·巴贝奇分析仪为

[1] 文艺复兴是科学和幻想的中心。它标志着从对上古智慧者不加批判的借鉴到对接受现实的直接检验的过渡，它是伽利略和维萨里奥、哥白尼和开普勒、皮科·德拉·米兰多拉和莱昂纳多·达·芬奇的时代，是绘画透视法和欧几里得几何学、科学插图以及可移动式印刷发明、解剖学和法医学的时代。但它也是炼金术和巴拉赛尔苏斯的元素生物 、妖精和骑士、魔法剑和历史战役、阿里奥斯托的《疯狂的奥兰多》、莎士比亚的诗意浪漫、塞万提斯的《唐·吉诃德》、马洛礼的《亚瑟王之死》和斯宾塞未完成的作品《仙后》的时代。在15至17世纪的欧洲，随着科学革命基础的奠定，魔法也迎来了复兴。“中世纪很少有人从事魔法，但在16和17世纪，魔法的发展达到了顶峰。严肃的魔法实践和严肃的科学实践是同时出现的。”克莱夫·斯特普尔斯·刘易斯在《废除人类》中写道。

基础的设备，这是一个巨大的挑战。”布伦南这样对我说道。另一个重要的例子是作家苏珊娜·克拉克的小说《乔纳森·斯特兰奇和诺瑞尔先生》（又名《英伦魔法师》）。作家将魔法带回到虚构中的英国，并且从许多方面来讲，魔法的回归都对应着现实中在英国爆发的工业革命。

因此，仙灵的衰落反映出一个复杂的过程，绝不是简单的线性演化，而是人类知识和文化不断变化的一个阶段。仙灵族从来未曾离开过：它们只是躲藏起来，适应了环境，发生了变形。

仙灵继续存在并影响着我们的世界，但是人类不再完全服从于它们反复无常和神秘的力量，并且在从万物有灵法术到炼金术，再到技术魔法的过渡中，人们逐渐拥有了某种形式的知识和力量。这力量不再是来自于超自然生物的馈赠，也不是神秘而不可即的东西，但这并不意味着科学在许多技术应用和某些理论推测中就不能继续保有我们定义为不可思议的或是看起来不可思议的特征。

✡ 书呆子的翻盘

说到这里，你们应该已经清楚地认识到，科学与魔法之间的关系不像某些人描述的那样水火不容，因此对充满魔法和超自然现象的书籍、电影、游戏和漫画着迷并不意味着否认逻辑或是放弃理性。这个道理书呆子们都知道。

“书呆子的好奇心表现为对相关产品的技术方面的兴趣，包括对产品非物质和逻辑方面的爱好，以及从概念上分解和重新组合产品的渴望（并且通常是实际操作）。具体表现为在各种学科领域的技能、对作品生产条件的调查、他们的手工艺水平，有时也表现为同人小说和同人艺术的创作。他们与怀旧主义的区别恰恰是这种能力获得的前提：对于书呆子而言，这就是一个了解分类法，理解和掌握其运行原理的过程，在许多情况下甚至是重现、改变、改进该产品的过程。”雅各布·纳奇在关于“非”的一篇文章中写道。

书呆子文化很复杂，可以用多种方式定义，并且在过去几年中得到了发展，但是在该文化中，对魔法、奇妙和奇幻事物的热情一直与对研究、分类和分析的兴趣并存。对幻想进行分析的行为似乎偏离了维多利亚时代的理性主义，但同时这也并没有将成千上万的年轻人（或者不那么年轻的人）推入伪科学骗子[1]的怀抱。实际上，纳奇写道：“书呆子对待精神世界和虚构世界的态度是极为严肃，带着善意的。他们发掘未出版的段落，并且完成其建构，这与科学和小说的创作方式非常相似。第二种和第三种含义的书呆子的文化参照

[1] 问题也是存在的。一方面，这种方法有时可能会产生一些根本性的偏离，从狂热主义边缘的过度挑剔到对我在第九章中提到的对细节和机制的痴迷。此外，正如纳奇警告的那样，这项技术职业“如果在虚构的世界里，会将叙事世界简化为必须按照‘行动—时间—作用’的模式运行的机器。如果在现实世界中，就会化为普遍‘实用主义’的道德。因此，书呆子对社会心生恶意的例子并不少见，正如那些在痛苦的教训中学会了用何种态度和什么样的世界观才得以生存的人”。

物就属于科学和小说这两个领域。这并不意味着书呆子不知道如何区分科学和科幻小说。或者真实小说和虚构小说，如果是这样的话，他们就不会成为技术人员。这仅仅意味着在他们的精神世界中，这两个组成部分是连续的辩证法，意味着在书呆子群体中，有力地流动着假设的力量。”

他们的世界不仅已经进入了市场，而且已经成为了主流，这一事实产生了两个重要的后果：越来越多的公众欣赏这些拼凑，从而产生了作者和市场不得不迎合他们需求的趋势，出现了规则和“科学化”与奇迹以及神秘之间的对比的观点，正如作家柴纳·米耶维尔在杂志《克拉克的世界》上接受采访时所说的那样，这种对比的观点也是奇幻作品的基础。根据米耶维尔的说法，对奇幻小说（其中包括科幻小说，在某种程度上还包括恐怖小说）的热爱是在两个相反的“审美吸引力”之间的摇摆：一个是最具空想和痴迷的部分，对我们无法解释并因此而无法描述的事物的着迷，是克苏鲁的出现，是小说《2001年：太空漫游》中的巨石，是威廉·布莱克的诗歌《虎》结尾的思考。另一个后果表现为“我们对系统化、分类和严格分类法的痴迷和热爱。比如大量的怪物图鉴、伪造的百科全书，尤其在奇幻角色扮演游戏的统计数据和规则中最常见”。米耶维尔继续解释说：“大部分我们所认为是奇幻的作品在我看来其实是这两个矛盾力量之间的迷人交叉。正如洛夫克拉夫特多次指出的那样，我们对克苏鲁的喜爱就在于它使我们无法理解。然后，在一次英勇如普罗米修斯的公开行为中，角色扮演游戏《克苏鲁的召唤》详细展示了克苏鲁的统计数据。这不是这些游戏的缺陷。我想说的是，使幻想系统化的愿望，从本质上来说逃脱了系统化。它是一种书呆子式的荣誉，是一个荒谬的、非常诱人的且富有创造力的计划，是误解的雄伟案例，在缺乏目标的情况下做出新的东西。”最后，米耶维尔认为：“系统或者说惊奇二分法是奇幻作品的中心，而由这个二元组构成的‘系统’是角色扮演游戏传统的伟大壮举。我们可以拒绝它，我们可以屈服于它，我们可以讨论它，但它仍然是我们茁壮成长的养分。”

奇幻科学和科学幻想 ✡

奇幻小说、科幻小说和恐怖小说以及它们的神话起源和民间传说起源，都诞生于两种原始动力——恐惧和惊奇之间的碰撞。我们在前几章讨论龙的起源以及科学怪人的怪物或人与自然及其元素之间的关系的时候已经多次遇到过它们。我们也在科学中发现了它们的存在。实际上，对我们所不知道的事物的恐惧是一种强大的刺激，促使人们寻求能够让自己理解身边奥秘的解释和理论（以及叙述）。关于惊奇的话题，“亚里士多德曾经说过，在知识的起源中就有惊奇”，里亚尔蒂告诉我说，“因此，科学界充满惊奇并不奇怪，这种惊奇激发了人们的想象力，并促使人类与之对话”。

另一方面，正如托尔金在《论童话故事》一文中所指出的那样：“幻想是一种自然的人类活动。当然，它不会破坏，也不会冒犯理性，更不会阻碍人们对科学真理的渴求，不会掩盖人们对科学真理的理解。相反，理性越明确越清楚，幻想的效果就越好。如果人们没有欲望去了解或者无法理解真相（事实或证据），那么‘幻想’的力量将变得薄弱，除非人类重新燃起研究的欲望。如果人们从来没有进行过此类研究（这似乎并非完全不可能），那么幻想将灭亡，沦为病态幻觉。”

理性与幻想之间的交汇点或许是叙事的本性，特里·普拉切特、杰克·科恩和伊恩·斯图尔特在《碟形世界里的科学》的引言中将其定义为叙事必然性，也就是故事的力量。如此重要的原理在普拉切特发明的宇宙中甚至具有物理上的根据：叙事，最常见的元素，尽管没有与其他五个元素[1]一起列出，但它保持了故事的连贯性和节奏感。

我们的世界上存在的叙事元素尚未得到证实，但是众所周知，人类的思想不仅喜欢将故事作为一种娱乐方式，而且还作为一种解释世界的工具，以至于科学理论甚至可以被视为伟大的故事。“科学是人创造和维护的结构。人们选择对他们来说有趣且有意义的事物，并且他们常常以叙述的方式来思考。”普拉切特、科恩和斯图尔特这样写道，“叙述是强大的东西。我们一直感到有将故事赋予宇宙的渴望。当人类首次观察到难以想象的远处的大型烈日与星空时，当他们看到了巨大的公牛、巨龙和当地的英雄时。这种人的特征对规则表述的内容没有影响（即使有的话也影响不大），但实际上决定了我们要考虑的规则。此外，宇宙的规则必须能够

[1] 地球、火、空气、水和惊喜。

创造出人类所观察到的一切，这在科学中也引入了一种叙事必要性。人类通过故事来思考。”

从叙述必要性和我们在本书中探索的许多共同点来看，科学和幻想并不是不相容的世界，相反，它们的关系比想象中的要紧密。因此，有必要带着好奇并不带偏见地探索把它们结合起来的中间地带，这可能成为（科学和叙事）新思想以及新的魔法来源的沃土。

致谢

曾经有一段时间，我一直在思考关于科学与幻想之间关系的不同想法，而现在你们可以在书中读到这些想法，那是因为有一天斯蒂法诺·米兰诺打电话给我，问我：“你想和我们一起写本书吗？”他是我第一个要感谢的人，另外还有出版该书籍的出版社的整个团队（恩里科·卡萨迪、乔万娜·波娃、维鲁斯卡·莫塔、克里斯蒂娜·加洛蒂），当然还有维托里奥和马可波。

坦白地说：这本书看起来就很美（如果它读起来也很棒，那么这不应该由我来说），这要归功于艾丽莎·塞辛格的出色插图和唯设计工作室的平面设计（他们巧妙地将目录设计成地图的样子，我还能提出更好的要求吗？）。

非常感谢所有我采访过的人，因为他们的参与，这本书变得更加丰富和理性。他们是玛丽·布伦南、雷纳托·布鲁尼、莉西亚·特洛伊斯、弗朗西斯卡·加雷洛、斯特凡诺·扎佩里、布莱恩·坎贝尔、毛罗·隆戈、万妮·桑托尼、丹妮拉·奥瓦迪亚和爱德华多·里亚蒂。还有马可·恰尔迪、基亚拉·塞格雷和戴维·玛娜，感谢他们在聊天和访谈中所做出的宝贵贡献。还要特别感谢莉西亚·特洛伊斯为本书撰写的优美的前言。

无论从科学角度还是从叙述角度来说，要为这类书籍搜集资料都不容易。因此，还必须感谢亚历桑德拉·埃尔巴克扬和TV Tropes网站的工作人员，如果没有他们出色的工作，那么这本书的文献搜索工作将非常困难，细节之处也无法如此详尽。

对父母的感激永远都不够，但是在这里，我仅向与本书相关的人员表示感谢。首先，因为他们一直鼓励我结合自己的兴趣，做跨学科的研究。其次，因为我记得很清楚，当他们发现我对龙和魔法的热情并没有随着童年的结束而结束，相反，却随着年纪的增长越来越大的时候，他们脸上充满了困惑，但他们不仅没有阻碍我，而且还抱着开放的心态聆听了我的论点。我很高兴最后我成功地解决了他们的困惑，我在书中也提到了这部分的内容。

弗朗西斯卡对龙和魔法没什么兴趣（不过她也该有些缺陷才对），但她忍受了我的不良情绪并支持了我的热情，让我在需要的时候能够潜心研究和专心写作，然后她会反复阅读，并提出中肯、客观的意见。她甚至要求我给她看有关普拉切特的部分，这让我感到巨大的满足。

我还要感谢阿里安娜，她与这本书一起出生，已经迫不及待地要阅读它，并告诉我她的想法了。